_____ 님의 소중한 미래를 위해

이 책을 드립니다.

나의 꿈
부자 할머니

나의 꿈 부자 할머니

박지수 지음

메이트북스

메이트북스

우리는 책이 독자를 위한 것임을 잊지 않는다.
우리는 독자의 꿈을 사랑하고,
그 꿈이 실현될 수 있는 도구를 세상에 내놓는다.

나의 꿈 부자 할머니

초판 1쇄 발행 2023년 8월 15일 ┃ **5쇄 발행** 2024년 6월 5일 ┃ **지은이** 박지수
펴낸곳 (주)원앤원콘텐츠그룹 ┃ **펴낸이** 강현규·정영훈
편집 안정연·신주식·이지은 ┃ **디자인** 최선희
마케팅 김형진·이선미·정재훈 ┃ **경영지원** 최향숙
등록번호 제301-2006-001호 ┃ **등록일자** 2013년 5월 24일
주소 04607 서울시 중구 다산로 139 랜더스빌딩 5층 ┃ **전화** (02)2234-7117
팩스 (02)2234-1086 ┃ **홈페이지** www.matebooks.co.kr ┃ **이메일** khg0109@hanmail.net
값 17,000원 ┃ **ISBN** 979-11-6002-408-1 03190

"세상이 이렇게 아름다울 수도 있다니!"

· 빅터 프랭클의 『죽음의 수용소에서』 中 ·

차례

주요 등장 인물

≫ 주인공 한지윤(34세)

영문과 출신으로 대기업에 취업해 결혼하고 아이 낳고 열심히 직장 생활을 했지만, 진급에서 미끄러지고 한계를 느끼며 육아휴직 중.

≫ 부자 할머니(76세)

남편 월급으로 자녀 셋을 키워내고 자산을 일으키신 분. 지윤의 멘토가 되어줌.

≫ 김대리(29세)

육아휴직 떠난 사수(한지윤) 없이 혼자서 직장생활의 쓴맛을 보고 있음.

≫ 황금부동산 공사장

전업주부에서 공인중개사로 성공한 인물. 부자 할머니 건물을 관리해주는 동네 터줏대감.

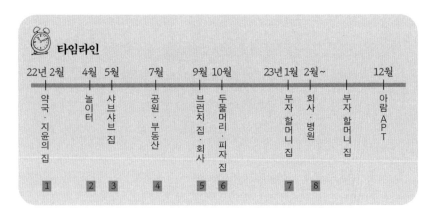

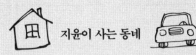
지윤이 사는 동네

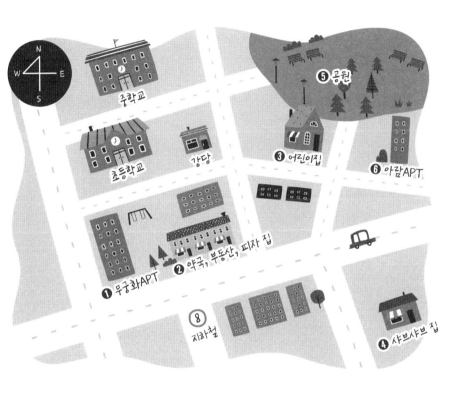

그 외 장소

- 과천 브런치 집
- 양재동 회사
- 양평 두물머리

❶ 무궁화APT
❷ 약국, 부동산, 피자 집
❸ 어린이집
❹ 샤브샤브 집
❺ 공원
❻ 아람APT

독자 서평

이 책을 읽으면서 눈물이 났다. 마치 내 이야기 같아서다. 어느새 나는 지윤이 되어 그 약국에, 그 놀이터에, 그 부동산에 가 있었다. 아이를 키우는 여성이라면, 아니 아이를 키우지 않더라도 이 시대를 사는 여성이라면 누구나 공감하고 위로받을 수 있는 소설이라 생각한다. 재테크를 잘하기 위해 책을 집어든 당신, 아마 지윤과 부자 할머니의 매력에 흠뻑 빠질 것이다. 지금의 나는 지윤, 미래의 나는 부자 할머니.
40대 초등학교 교사 박지희

지윤이 부자 할머니를 만난 행운이 있었다면, 나에게는 이 책을 만난 게 행운이란 생각이 든다. 소설이라 술술 재미있게 읽다가도 부자 할머니가 알려주는 삶의 지혜들과 재테크 이야기를 읽을 때는 어느 순간 책에 밑줄을 긋고 있는 나 자신을 발견했다. 앞으로도 내가 어떻게 살아야 하나 고민이 들 때, 누가 돈 벌었다는 이야기에 마음이 심란해질 때면 다시 이 책을 꺼내서 읽고 또 읽을 것 같다.
40대 워킹맘 강남순

도심의 밤에 별을 찾기 위해서는 방위와 별자리도 알아야 하지만 먼저 눈을 어둠에 익숙하게 만들어야 한다. 경제 공부를 하는 것도 마찬가지이다. 방위와 별자리를 알아가듯 경제 원리와 관련된 상식을 경제 기사에서 읽어내고 빠르게 변해가는 세상사를 시간 들여 천천히 들여다보면 마치 별이 보이듯이 경제 흐름이 이해되기 시작한다. 이러한 과정을 이야기처럼 친절히 알려주는 것이 바로 이 책 아닐까? 갓 성년이 된 딸과 같이 읽으며 공부하고픈 책이다. 강추!

50대 SK하이닉스 직장인_최웅

재테크의 본질을 심플하게 전달해주는 소설이다. '부자 할머니'가 안내해주는 재테크 방법을 하나씩 따라가다 보면, 결코 재테크가 '전문가의 영역'만이 아님을 알게 될 것이다. 조급하고 불안해하는 우리에게 '부자 할머니'는 따뜻하고 예리한 조력자가 되어줄 것이다. 재테크 시작을 망설이는 또 다른 '지윤'과 '성철'에게는 안전한 투자법을 안내하고, 과거의 투자 실수로 헤매는 이들에게는 투자의 철학부터 에센스를 기억하도록 한다.

30대 육아맘_서동희

래빗스쿨의 가장 큰 장점은 바쁜 현대인들이 어려운 경제를 이해하기 쉽게 알려주는 콘텐츠라는 것인데 그 끝판왕이 '부자 할머니' 시리즈다. 이 책 한 권에 기본 경제 개념부터 오늘부터 당장 실행할 수 있는 실전 투자법까지 다 들어 있는데 전혀 어렵지 않다. 우리가 꿈에서도 찾아 헤매던 멘토를 이 책만 열면 바로 만날 수 있다는 것이 정말 감사하고 행복하다. 당신도 지윤처럼 부자 할머니의 말씀을 한 가지씩이라도 꾸준히 실행한다면 재테크가 더 이상 힘들고 어렵게 느껴지지 않게 되면서 'small win'을 통해 소소한 재미를 느끼게 될 것이다. 그리고 마침내 재테크가 일상에 자연스럽게 녹아 있는 편안한 삶을 살게 될 것이다.

30대 워킹맘이자 사업가_한정아

경제, 투자를 소재로 한 책이 이렇게 술술 읽혀도 되나 싶을 정도로 기분 좋게 마지막 책장을 덮었다. 내 주위 소중한 사람들에게 한 권씩 꼭 선물해주고 싶은 책이다. 책을 읽으며 어느새 나는 지윤이가 됐고, 지윤이처럼 부자 할머니 이야기에 귀 기울이고 있었고, 다시 공부를 해야 할 이유가 생겼다. 작가님 책은 이제 막 투자 공부를 시작하는 모든 이에게 든든한 지원군이 되어줄 것 같다.

40대 정부출연연구소 연구원_박완

이 책의 주인공 지윤에게 나타난 부자 할머니처럼 어느 날 나는 박지수 작가님을 만나게 됐다. 거창하고 어려운 재테크가 아닌 나도 할 수 있을 것 같은 재테크, 경제 공부를 알게 해주셨다. 지윤처럼 왜 더 빨리 작가님을 알지 못했을까 하는 아쉬움이 있지만 시작이 반이라는 말이 있듯이 지금이라도 알게 된 것에 감사하다. 나의 꿈도 지윤의 꿈처럼, 부자 할머니가 되는 것이다. 독자분들도 이 책을 읽고 꿈꾸는 사람이 됐으면 좋겠다.

50대 주부_남종희

현실에 뿌리를 둔 우리 주변 인물들의 삶을 이야기하면서, 그 속에서 경제를 보는 눈을 어떻게 키워야 하고, 어떤 실천들을 할 수 있을지 실전에 대한 이야기도 함께 있어 형광펜을 그어가며 읽을 정도로 좋았다. 소설이면서도 실전서와 같은 이 책이 나와 같은 많은 경제 공부 유목민들에게 실질적인 도움도 되고, 모두가 '부자 할머니'를 꿈꿀 수 있게 해줄 것이라 기대한다.

40대 프리랜서_서혜진

무언가를 새롭게 시작한다는 것이 쉽지만은 않다. '시작할 결심'에는 나름의 걱정과 고민이 그림자처럼 따라붙고 지난한 일상은 그 결심에 지핀 불 위로 조용히 찬물을 끼얹는다. 이 이야기는 잊었던 결심에 다시금 불을 붙이게 해준다. 그리고 그 불이 꺼지지 않게 옆에서 바람도 불어넣어주고 비를 피할 우산도 씌워준다. 그 따스함에 오늘도 용기를 낸다.

30대 신경과 의사_백영민

부자 할머니는 돈을 존중하는 삶의 태도를 행동으로 보여준다. 돈만 추구하는 삶과는 본질적으로 다른 태도와 노력 그리고 조언은 냉소와 자랑 하나 없이 따스하기만 하다. 소설이지만 동시에 다정하고 꼼꼼한 재테크 책이다. 방법도 중요하지만 그보다 먼저 태도와 소양이 우선이고 그것을 만들기 위한 공부가 필요하다는 말을 부자 할머니의 지혜로운 말을 통해 힘있게 전달한다. 지윤에게 고맙다. 이런 든든한 멘토를 혼자만 안고 있는 게 아니라 우리에게도 소개시켜줘서. 지윤은 반드시 부자 할머니가 될 것이다. 덕분에 나도. **30대 프로덕트 매니저_강은정**

인생을 살아가면서 입을 대는 많은 어른들이 있었지만 그들은 책임지지 못할 일에 참견하고 싶었던 것이지 진정한 조언을 준 어른이나 선배는 아니었던 것 같다. 나의 꿈은 은근히 잘 어울리는 청바지에 폴로 셔츠를 깔끔하게 차려입고 긍정적인 에너지를 전할 수 있는 부자 할아버지가 되는 것이다.

40대 LG 디스플레이 직장인_김성우

이 책은 이웃집 할머니의 조언과 이야기를 듣고, 주인공 지윤이 실제 투자를 실천하는 내용으로 전개된다. 아무리 바쁜 현대인이라도 당장에 실천할 수 있는 '저글링 투자 방법'을 구체적으로 제시해주기도 한다. 소설 속 등장인물인 '부자 할머니'의 애티튜드에 대한 구체적인 묘사도 나온다. 부자가 돈과 삶을 대하는 태도, 가족이나 주변 지인들을 어떻게 대하는지도 알 수 있다. 투자는 일상 속에서 꾸준히 내 상황에서 할 수 있는 최선을 다하는 것이다. 이 책을 다 읽고 나면 우리의 꿈도 어느새 '부자 할머니'가 되어 있을 것이다.

30대 직장인 유튜버_이은혜

부동산, 코인, 주식··· 뭔가 하긴 해야겠는데 정보가 너무 많아서 어디로 가야 할지 몰라 두리번거리고만 있던 나에게 이 책은 지도와도 같았다. 개인적으로는 만나 뵙기 어려운 부자 할머니의 조언을 이렇게 책으로 만날 수 있다는 게 얼마나 행운인지! 나도 부자 할머니가 될 수 있을 것 같다는 확신이 들어서 마지막 책장을 덮는 내 마음이 설레기 시작했다.

30대 한일동시통역사 김민정

책 속의 부자 할머니는 돈을 벌기 위한 삶의 자세와 투자 방법, 돈에 대한 부자들의 철학을 가감 없이 공개한다. 주변에 부자가 되는 법을 알려주는 길잡이가 없다면, 이 책을 통해 부자 할머니를 만나보자. "시간은 흐르는 것이 아닌, 쌓이는 것이다"라고 말하는 부자 할머니는 시간을 돈으로 만드는 방법을 명쾌하게 알려줄 것이다!

30대 직장인 정대희

변화를 위해서는 현재 자신의 모습을 객관적으로 마주해야 한다. 열심히 공부하고 일했지만, 결혼과 육아로 덜컥 멈춰버린 지윤의 삶에서 나의 모습을 본다. 이 책은 나는 '부자'가 될 수 없다는 생각, 저축만이 재테크의 전부라는 생각, 투자에는 특별한 '전문가'가 있다는 생각 등과 같은 기존의 내 생각을 통째로 바꿔놓았다. 경제독립 여정의 시작에 이 책을 읽는다면 당신은 엄청난 행운아다. '나에게도 정여사 같은 부자 할머니가 있었다면'이라는 말을 할 필요가 없으니까. 이 책을 통해 평생을 살아도 만나기 힘든 귀인, 나만의 '부자 할머니'를 꼭 만나기를 바란다.

40대 워킹맘 김미배

지윤의 뒤를 밟아가며 나는 6개월이라는 시간을 그냥 흘려보낸 것을 자책했다. 정희숙 여사의 이야기를 발판으로 자신만의 부를 쌓아가는 지윤의 희망 섞인 마지막 장을 덮으며 또 다른 나만의 꿈을 꿀 수 있었다.

육아휴직 중인 30대 워킹맘_김현경

이 책을 읽고 경제에 대한 불안이 없어졌다. 육아맘·워킹맘이라서 경제적인 활동을 통해 부자가 될 수 없을 것이라 생각했던 것이 통째로 사라졌다. 마인드가 바뀌자 매일 나의 모습이 바뀌었고, 이제는 예상치 못한 수입도 발생하게 되었다. 우리 모두 부자 할머니가 될 수 있음에 의심의 여지가 없다.

30대 워킹맘 강규빈

쫓기듯 살아가는 직장인이자 20년차 워킹맘으로서 책의 내용에 무척 공감한다. 저자의 모든 책 중 가장 현실을 잘 드러낸 이 책을 통해 다시금 본질에 가까운 경제에 눈뜨게 됐다. 특히 피자 집에서 하나씩 알려준 재테크 방법은 정말 유익했다. 한 걸음씩 다시 부자 할머니의 조언대로 실행하고 싶어졌다.

40대 이커머스 마케터 박지예

꿈꾸는 삶. 서른 중반이었을 것이다. 아파서 울며 보채는 아이를 업고, 한밤중 아파트 베란다에 서서 생각했다. 내 삶이 좀 편안해지는 날이 올까? 나는 그때, 이모님이라는 시간제 전사와 함께 전장에 나간 육아독립군으로서 그리고 치열한 생존의 현장에서 동료들과 경쟁하는 워킹맘으로서, 하루하루가 몹시 고단했다. 작지만 소중한 나의 월급은 신기루처럼 사라지기 일쑤였고, 꽤 오랜 시간을 아무것도 하지 못한 채로 그저 열심히만 살았다. 신문 읽기 특훈을 거쳐 래빗노트를 구독하면서 세상을 보는 눈도 넓히고 투자라는 것도 해보고 결실도 맺게 됐다. 아쉽게도 서른 중반의 나에게 부자 할머니 같은 친절한 가이드는 없었지만, 이 책의 저자인 박지수 작가가 하나씩 놓아주는 돌다리로 이제는 조금씩 꿈꾸는 삶에 가까워지는 것을 느낀다. 오늘도 어딘가에서 치열한 하루를 살고 있을 세상 모든 지윤이들에게 부자 할머니 이야기가 희망의 돌다리가 될 것이라고 믿는다.

40대 외국계 제약사 임원 정현진

"당신은 워너비가 있나요?"

워너비(wannabe)를 네이버 국어사전에서 찾으면, 두 가지가 나온다. '가지고 싶은 물건'과 '닮고 싶은 사람'. 물건에 초점을 두든, 아니면 사람에 맞추든, 워너비는 미래와 관련된 단어이다.

물건과 사람 중에 하나를 선택하라면 필자는 사람을 선택할 것이다. 닮고 싶은 사람을 좇으면 자연스레 자신이 원하는 소유물을 얻게 될 가능성이 높기 때문이다. 특히 투자의 세계에서는 이런 경우를 흔히 발견하게 된다. 금세기 최고의 투자자 워런 버핏에게는 현대 증권 분석의 아버지 벤저민 그레이엄이 있었고,

그의 파트너 찰리 멍거에게는 미국 건국의 아버지 중 한 명인 벤저민 프랭클린이 존재했다. 일류 투자가들의 처음을 들여다보면, 그는 누군가로부터 배우고 누군가를 흉내 내면서 스스로 진화해 자신만의 철학과 원칙을 정립한다. 그래서 자신의 삶을 바꾸는 위력한 방법 중 하나는 닮고 싶은 사람을 찾아서 그를 흉내 내는 것이다. 그 흉내의 과정은 결국 성장의 과정이자 성공의 과정이며 성숙의 과정이다.

이 책의 주인공 지윤은 우연히 같은 동네에 사는 정여사를 만나면서 그를 자신의 스승으로 삼는다. 정여사로부터 부동산 투자법, 주식 투자법, 그리고 좋은 사람과 파트너가 되는 법을 배우고, 더 나아가 인생관을 다시 정립하며, 그처럼 부자 할머니가 되기로 결심한다.

이 책은 지윤이 정여사와 대화하며 자신을 돌아보고 생각을 정리해 인생 계획을 세우는 성장 소설의 서사 구조를 가진다. 이런 서사 구조의 장점은 주인공의 성장 과정을 같이하면서 독자의 인식도 함께 발전해나간다는 점이다. 여느 재테크 책이나 투자 서적보다 흡입력이 강한 이유가 여기에 있다.

최근의 세상은 소득의 힘보다 자산의 힘이 더 세다. 소득 격차보다 자산 격차가 미치는 영향이 더 크다. 필자는 이런 현실을 고통스럽게 생각하는 사람 중 하나이지만 어떡하겠는가. 그것이 현실인 것을….

주인공 지윤의 고민도 여기에 있다. 성실한 직장인으로서, 자녀에게 더 많은 기회를 주고 싶은 부모로서, 은퇴 후 여유로운 삶을 살고 싶은 평범한 사람으로서 지닌 고민에는 경제적 부(富)라는 문제가 자리 잡고 있다. 자기 인생의 가치를 지키기 위해서도 경제적 부는 절대적이진 않더라도 중요한 비중을 차지하는 점을 부정하기 어려운 게 현실 아니던가. 만일 세상의 이런 차가운 현실을 받아들이는 사람이라면, 주인공 지윤의 고민과 결심에 적잖이 공감하게 될 것이다.

아무리 월급을 아껴 써도 자산을 축적하기 어려운 세상에서 투자 지식은 생존 지식이 되어가고 있다. 지윤처럼 부동산을 보는 안목(그렇다고 엄청난 부동산 투자자가 되자는 이야기는 아니다. 최소한 손해 보지 않는 내집 마련 방법 등은 알아야 하지 않을까), 그리고 꾸준한 주식 투자의 기본과 원칙은 익혀두는 게 필요하다.

지윤이 정여사에게 배운 저글링 투자법은 개인 투자자들이 실천하기에 좋은 방법이라는 데 필자도 공감한다. 배당주, 공모주, 달러, 이 세 개의 공을 꾸준히 굴려나가는 것은 개인 투자자들이 큰 위험 없이 장기투자를 할 수 있는 좋은 방법이다. 그것도 한 번에 사는 것이 아니라 지윤처럼 가격 등락에 크게 고민하지 말고 사서 모아 나가는 전략은 장기적으로 승률이 매우 높은 방법이라고 생각한다.

마지막으로 강조하고 싶은 것은 공부하는 습관이다. 빼곡하게 책으로 가득한 정여사만의 공간을 보고서 지윤도 그런 공간을 꿈꾸듯이, 투자를 넘어 인생을 제대로 살고자 한다면 평생 공부하는 자세를 견지할 필요가 있다. 공부한다고 모두 부자가 되는 것은 아니더라도 공부만큼 확실한 투자는 세상에 많지 않고, 또 그런 사람은 절대 가난해지지 않기 때문이다. 평범한 사람이 스스로의 노력으로 작은 부자가 될 수 있다고 믿는 또 다른 지윤들에게 일독을 권한다.

이상건_ 미래에셋 전무, 미래에셋 투자와연금센터장

변하지 않는 그 무엇

3년 전 겨울, 경제 콘텐츠를 발행하기 시작했습니다. '일상 재테크를 위한 안내서'라는 주제의 이름의 주간 뉴스레터가 그것이죠. 그냥, 재미있으면 좋겠다는 생각을 했습니다. 바쁜 현대인이 짬을 내서 경제 공부한다는 게 쉽지 않으니까요. 경제 공부는 시험 범위가 딱 정해져 있지도 않고, 공부해야 할 분량은 날이 갈수록 늘어만 갑니다. 이 어렵고 지루한 걸 지속해서 하라니! 더욱 피하고 싶습니다. 저라도 숏폼이나 웹툰을 보면서 복잡한 머리를 식히고 싶을 것 같아요.

하지만 애써 외면한다고 해야 할 일이 사라지는 건 아닙니다. 사람들은 대개 마음 한편에 '경제 공부를 해야 하는데…' 하는 무거운 숙제를 안고 일상을 살아가고 있습니다. 이처럼 경제공부의 필요성은 알지만 너무 바빠서 정보를 찾고 정리할 시간이 없는 분들께 도움을 주고 싶었습니다. 마치 직장에 다니던 과거의 저를 돕는 심정이었죠.

제가 이 일을 좋아하는 건 다양한 독자분들과 소통할 수 있기 때문입니다. 그분들의 응원과 고민은 항상 저를 더 좋은 콘텐츠를 만들도록 자극했습니다.

콘텐츠가 조금 지루해질 때마다 기획 시리즈를 추가하여 긴장감을 주거나 형식을 바꾸거나 주인공을 내세우는 등 다양한 시도를 해봤습니다. 이 과정에서 독자분들은 재미를 느껴 경제 공부를 꾸준히 할 수 있게 됐고, 저는 콘텐츠 기획자로서 지속해서 성장할 수 있었습니다.

작년 연말 즈음이었습니다. 저는 선배와 저녁을 먹으며 고민을 이야기했습니다.

"어떻게 하면 사람들이 경제 공부를 꾸준히 할 수 있을까? 어렵다고 시장을 떠나면 뒤늦게 후회하고 다시 돌아오는 경우가 많은데…. 그냥 계속 느슨하게라도 경제 흐름을 알고 있으면 좋을 텐데…."

선배는 외국계 기업에서 인사 업무를 20년 이상 했기에 누구보다 사람의 마음을 잘 알고 있었습니다.

"사람들이 네 콘텐츠에서 힐링을 느끼게 해주면 어떨까? financial healing! 다들 번잡스러운 세상을 살아가느라 많이 지쳐 있잖아. 글을 읽는 것도 고역이라면 고역 아니겠어? 정보는 압축해서 전달하고, 형태는 감정이입이 가능한 소설이면 좋겠다. 너 그거 잘하잖아. 주인공에 빙의되어 글 풀어내는 거."

"하긴 내가 경제계 주요 인사로 빙의해서 일기도 쓰고 편지도 써봤지."

"그래, 네 글 재미있어. 이번에는 소설에 도전해봐."

"사실 내가 생각해본 게 있긴 한데… 내 멘토와의 대화를 구독자분들께 전달해보고 싶어."

"그분? 예전부터 너한테 투자에 대해 알려주셨다던 부자 할머니?"

"맞아. 코로나19 이후로 우리 사는 게 롤러코스터 타는 것 같잖아. 금리가 곤두박질쳤다가 가파르게 오르면서 자산 시장도 크게 출렁였고. 단기간에 돈 벌었다는 사람들이 늘어나면서 뒤늦게 뛰어든 사람들은 막대한 손실을 보기도 했잖아. 사기꾼들도 여럿 출몰했고. 한마디로 아수라장이었지. 그런 과정을 겪으면서 보다 본질적인 무엇에 대한 갈증이 생기더라고. 근데 그 부자 할머니가 딱 떠오르는 거야. 그분은 본질만 심플하게 꿰뚫어 보셨거든. 그분과의 대화를 재미있게 각색해보면 어떨까 하는데….”

“재밌겠다. 본질이라… 명품 브랜드 에르메스 알지? 거기 광고 캠페인 문구 중에 이런 게 있었어. ‘Everything changes, but nothing changes.’ 모든 것은 변하지만 변하는 것은 아무것도 없다. 변하지 않는 그 무엇을 독자들에게 알려주면 좋겠네.”

그렇게 ‘부자 할머니’ 연재를 시작했습니다. 그리고 많은 성원에 힘입어 연재는 시즌 2까지 이어졌고, 이렇게 소설도 여러분 앞에 선보일 수 있었습니다. 아직 소설을 쓸 깜냥이 되는지는 모르겠습니다. 그냥, 재미있는 경제 콘텐츠를 만들어 많은 분들이 쉽게 읽으시길 바라는 마음입니다.

비장함은 좀 덜어내고,
재미있게 읽어주세요.
감사합니다.

박지수

늙어감을 사랑할 수 있는 사람

베를린을 경유해 스톡홀름 공항에 도착했다. 비행기 창밖으로 보이는 태양은 저녁인데도 내려올 생각을 하지 않았다. 공항을 빠져나와 택시를 타고 한참을 달려도 저녁이었고, 호텔에 도착해 체크인 후 출장자들과 저녁을 먹고 돌아오는 길도 저녁이었다.

'대체 어둠은 언제 오는 건가. 이곳은 시간이 멈춘 도시인가?'

처음 밟는 북유럽의 땅. 여름이지만 차가운 기운과 낯선 어두움. 그렇게 7월의 북유럽 밤은 저녁과 혼재된 특별한 분위기를 연출하고 있었다.

9년차 마케터이자 워킹맘으로 바쁘게 살아가는 지윤에게 출장은 휴가였다. 시간에 대한 강박과 조급함은 사라지고 온전히 일과 자신에게 집중할 수 있는 순간이니까. 누구나 그렇듯, 혼자만의 시간과 공간은 설렘이었다. 저녁을 먹고 숙소로 돌아온 지윤은 모처럼 자유를 느끼고 있었다. 베를린 공항 서점에서 구입한 문고판 서적을 펼치고, 익숙한 멜로디를 흥얼거리며 혼자만의 시간을 즐겼다.

문득 창밖을 내다봤는데 아직도 저녁인지 밤인지 모르겠다. 그렇게 시간의 개념을 잊은 채 부스럭거리다가 잠이 들었다.

새벽인가 아침인가. 시계를 보니 아직 새벽 4시.

암막 커튼 사이로 들어오는 빛에 눈이 부셨다. 말로만 듣던 백야였다. 빛 때문인지 오랜 비행으로 피곤했던 까닭인지 다시 잠을 청해봐도 도통 잠이 오지 않았다.

차라리 호텔 주변이라도 산책하려고 옷을 챙겨 들었다. 스톡홀름은 스톡(Stock: 나무 밑동)과 홀름(Holm: 섬), 즉 나무 밑동과 같이 생긴 섬이라는 뜻이다. 차가운 북쪽 바다 발칸해에 둘러쌓인 섬이니 여름이라도 겉옷을 걸쳐야 할 정도로 서늘할 수밖에.

혼자 걷는다는 건 온전히 자신만의 시간을 가지는 행위다. 길을 걷다가 마음 내키는 대로 멈춰서 상점 쇼윈도를 바라볼 수도 있고, 기묘한 생물을 관찰하거나 자연 풍광, 사람들의 지나가는 모습을 관찰할 수도 있었다. 그렇게 지윤은 팔을 자연스럽게 흔들며 시간의 쫓김 없이 걷는 즐거움을 느끼고 있었다.

그때 지윤의 시선을 사로잡은 사람들이 있었다.

딱 봐도 수천만 원을 호가하는 오토바이를 세워두고 바닷가 바람을 맞으며 커피를 마시는 바이커들이었다. 오토바이 양옆에 매달린 짐의 규모로 보아 여행중인 듯했다. 그들은 매력적인 블랙 바이커 재킷만으로도 충분히 시선을 사로잡을 만했다. 가만 보자. 아니! 이들은 모두 은발 아닌가. 노년의 부부 두 쌍이 오토바이로 북유럽 해변을 여행중이었던 것이다. 한 번도 본 적 없고, 상상해본 적도 없던 모습에 그저 놀라울 따름이었다.

'여기 사람들은 젊으면 젊은 대로, 나이가 들면 나이가 든 대로 인생을 살아가는구나. 나이 드는 것도 꽤 괜찮겠다. 바쁘게 사느라 미처 알지 못했던 다른 즐거움들을 찾을 여유가 생길 테니까. 저 사람들은 다음엔 또 어디를 여행해볼까 기대하며 살겠지? 나도 나이가 들면 저들과 같을 수 있을까?'

지윤은 노년을 즐기고 있는 바이커들을 바라보며 생각에 잠겼다. 바쁘게 사느라 자신만의 즐거움을 찾을 여유가 없었던 지윤은 이날 처음으로 늙어감을 사랑할 수 있는 사람이 되고 싶다는 생각을 했다.

그러나 출장을 끝내고 돌아온 현실은 녹록지 않았다. 다시 반복되는 일상으로 돌아간 지윤에게 스톡홀름 해변에서의 바이커들은 잊히고 있었다.

1

부자 할머니를 만나다

　30년이 훌쩍 넘은 아파트 단지에는 그 세월을 함께한 작은 상가가 있다. 리모델링 흔적이라고는 찾아볼 수 없는 흰색 타일 마감의 낡은 건물에 뭐 제대로 된 가게가 있을까 싶지만, 언제든 손님을 맞이할 수 있는 상점들이 자리를 지키고 있었다. 엘리베이터도 없는 3층짜리 건물에 1층은 약국, 부동산, 피자집, 꽃집, 인테리어샵, 2층은 이비인후과, 소아과, 피아노 학원, 미술 학원, 태권도 학원, 3층은 재건축 조합 사무소, 세무 사무소, 법무사 사무소…. 있을 건 다 있고, 없을 건 또 없었다.

딸랑, 딸랑, 딸랑!

겨울 오후 햇살이 실내 깊숙이 들어와 있는 권약국의 평온을 깨고 종소리가 울렸다. 햇살은 약국 벽면의 오래된 약 진열대와 가지런히 줄을 맞춰놓은 약통들, 그리고 흰 가운과 흰 머리가 멋스러운 약사님을 비추고 있었다. 그녀는 누군가와 대화를 나누고 있다가 문을 열고 들어온 손님을 향해 말했다.

"어서 오세요. 권약국입니다. 처방전 이리 주세요."

"안녕하세요? 여기 처방전이요."

지윤은 약사님께 처방전 두 장을 건네고, 딸아이 별이 손을 잡고 맞은편 소파에 앉았다. 잠깐 여유를 찾은 지윤은 소파에 등을 기대고 약국을 찬찬히 살펴보았다. 약국 내부는 옛날 분위기를 그대로 간직하고 있었다. 오랜 세월 동안 손때가 묻은 짙은 나무색 선반과 계산대, 약국 한편에 있는 흔들의자와 무릎 담요… 그리고 그 아래 깔려 있는 둥근 페르시안 문양의 카펫이 시공간을 초월해 과거에 머물러 있는 듯한 착각을 불러일으켰다.

별이는 이내 지루해졌는지 일어나 약국 안을 이리저리 구경하기 시작했다. 그럴 줄 알았다는 듯이 지윤은 소파에 깊숙이 몸을 묻고 스마트폰을 보기 시작했다. 큰 창문을 통해 등 뒤로 내리쬐는 햇살을 받으니, 아이를 데리고 병원 진료를 받느라 쌓였던 피곤이 녹아내리는 듯했다.

이 약국은 동네 약국치고는 큰 편이었다. 약국 앞을 지날 때마다 창문 너머로 보면 꼭 손님이 있었다. 딱히 약 손님들은 아니었고, 오다가다 약사님을 뵈러 오는 어르신들이었다. 그래서 이 약국은 동네 사랑방이라 불리고 있었다. 오늘도 할머니 한 분이 대각선 쪽 1인용 소파에 앉아 약사님과 대화를 나누던 중에 지윤이 들어오자 잠깐 대화를 멈추셨다.

시간이 좀 흘렀나. 할머니가 지윤에게 말을 걸었다.
"애기 엄마, 애기가 몇 살이야?"
지윤은 이런 질문이 익숙했다. 아이들이 별로 없는 아파트 단지에서 별이를 예뻐해주시는 어르신들이 많았기 때문이다. 이 할머니도 지나다니면서 별이를 몇 번 보셨다가 오늘 지윤에게 말을 거신 것 같다.

"네, 어르신. 이제 36개월 지났어요."
"팔다리가 곧은 걸 보니 키가 잘 크겠어. 지금도 큰 편이지?"
"네, 친가 쪽이 다 키가 커서요. 이대로만 자라주면 소원이 없겠어요. 근데 면역력이 안 좋아서 그런지 한번 감기에 걸리면 오래가네요."
"엄마가 고생이 많겠네. 잠도 제대로 못 잔 거 같아. 아까 보니까 소파에서 눈 감고 졸더만."

"아! 제가 졸았나요? 기억이…"

"잠도 깰 겸 이거 한 잔 마셔요."

약사님이 비타민 드링크 뚜껑을 잡고 돌려 지윤에게 건넸다.

"감사합니다."

그러고 보니 시간이 훌쩍 지나 있었다. 약사님도 지윤이 피곤해 보였는지 깨우지 않았고, 어르신들이 별이를 봐주고 계셨던 모양이다. 사실 지윤은 요 며칠 잠을 제대로 못 잤다. 별이가 두세 시간 간격으로 열이 오르고 내리며 잠을 설치니, 옆에서 엄마도 깊은 잠을 잔다는 건 사치였다.

계속 이렇게 열이 나면 어떡하나, 어디 잘못되기라도 하면 어쩌지, 별별 생각에 엄마들은 마음이 쿵 내려앉는다. 하지만 아픈 아이에게 그런 내색을 할 수도 없고, 전화로 친정 엄마에게 말씀드려 괜한 걱정을 끼칠 수도 없다. 그러니 어쩌겠는가, 혼자 속으로 삼켜야지. 그렇게 지윤의 몸과 마음이 지쳐가던 때 적당히 거리감 있으면서도 친숙한 어르신들이 안부를 물어주시니 지윤에게 이보다 더 큰 위로가 있을까.

지윤은 비타민 드링크를 한 모금 마신 후 뚜껑을 다시 덮고 약국 안을 둘러봤다. 저기 뽀로로 비타민이 잔뜩 걸린 장 앞에서 서성이고 있는 별이 뒷모습을 찾았다. 이번에는 또 뭘 사달라 하려고 서러나. 아픈 몸을 이끌고 병원까지 와줬겠다, 싫은데도 꼭 참고 코 찔려줬겠다, 목구멍 안쪽으로 쓴 약 스프레이 칙칙 뿌리는 것도 잘 참았겠다, 그러니까 엄마한테 뭐 하나 사달라 해도 괜찮겠지 하고 미리 계산한 눈치였다.

아이들은 꼭 병원 진료를 받으면 보상심리로 약국에서 작은 소확행을 얻으려는 습성이 있다. 별이도 영락없는 네 살짜리 여자 아이였다. 그때 별이가 뽀로로 비타민 장난감을 들고 다가와서 "엄마, 이거 사줘" 하며 졸랐다. 지윤은 별이가 원하는 대로 장난감을 살 수 있게 해줬다.

"그래, 우리 별이 오늘 병원에서 의젓하게 진료받아서 엄마가 주는 선물이야."

엄마의 허락이 떨어지자마자 별이는 곧장 엄마 옆자리에 올라와 앉았다. 두 손으로 뽀로로 비타민 장난감을 이리저리 만지면서, 두 발은 모아서 앞뒤로 힘차게 차며 허밍으로 정글숲 노래를 부르기 시작했다. 왜 아이들을 강아지라고 하는지 알 것 같았다. 기분이 좋으면 꼬리 흔드는 강아지처럼 저렇게 온몸으로 신남을 표현한다. 별이는 기분이 좋으면 어깨춤을 추거나, 양팔을 비행기 날개처럼 벌리고 주변을 빙빙 돌기도 했다.

지윤은 가방에서 지갑을 꺼내 들고 일어나 약사님 앞으로 갔다. 카드를 내밀고 약사님만 들리도록 조용히 말했다.

"오늘은 그래도 하나만 골라서 다행이에요."

약사님도 눈을 찡긋 하시며 고개를 끄덕끄덕했다.

"약값은 4,700원입니다. 저녁 약만 다르네요. 저녁에는 콧물 약이 하나 더 들어 있어요. 구분해서 식후 30분 1일 3회 복용하세요."

'아! 아깝다. 300원만 더 나왔으면 실비보험 약제비 청구할 수 있는데. 병원비라도 3만 원 넘게 나와줘서 다행히 보험비를 받아낼 수 있구나. 여기에 만족하자.'

지윤은 300원에 속상했던 자신이 우스웠는지 입꼬리를 살짝 올리고 훗 웃었다. 약봉지를 들고 돌아봤더니 별이는 뽀로로 비타민에 푹 빠져서 놀고 있다. 다시 소파에 앉아 아까 마시던 비타민 드링크를 마시려고 고개를 젖혔다.

"감기가 오래가나봐요. 애가 힘들어서 어쩌누. 나 때는 말이에요… 가락시장에서 새우를 짝으로 사와서 손으로 깨끗하게 다듬어 소분해서 냉동실에 얼려놓았어요. 조금씩 해동시켜서 아욱국에 넣거나, 새우볶음밥으로 해 먹거나, 애호박과 함께 볶아서 먹으면 좋거든요. 반찬 걱정할 필요도 없고. 엄마가 힘들어도 집에서 맛있는 밥을 해서 먹여야죠. 맨날 밖에서 먹이면 돈도 많이 들고, 건강에도 안 좋으니까요."

지윤은 아차 했다. 평소에도 안면이 있었고, 교양 있으신 분이라서 사신도 모르세 하소연을 했는데, 어르신의 '라떼'가 나오고 말았다. 이제부터 잔소리가 길어질 것 같은데 무슨 핑계를 대고 자리를 파해야 하나 지윤은 머릿속이 바빠졌다.

이때, 눈치 빠른 약사님이 툭툭 계산대를 두드리며 한마디 하셨다.

"어이, 정여사. 잔소리는 돈 내고 해야 하는 거 몰라? 요즘 사람들 바빠. 귀한 시간을 잔소리로 잡아먹으면 안 되지. 이러면 꼰대 오브 꼰대란 말을 듣는 거야."

지윤은 이 아파트에 사는 사람들 평균 연령이 50대 후반쯤 되지 않을까 생각해왔다. 특히 60대 이상이신 분들은 정말 많았다. 주민프로그램만 봐도 알 수 있었다. 관리사무실 옆에 주민 공간에서 매주 화, 목 노래 교실이 열리는데 늘 흥겨운 트로트 가락이 흘러나왔다. 할머니, 할아버지들이 신나게 손뼉을 치면서 열창하시는 목소리가 적막할 뻔한 낮 시간을 활기차게 만들어줬다. 지윤도 지나가다가 노랫소리를 들으면 같이 흥얼흥얼거릴 정도였다.

하지만 연세 있으신 분들이 많이 사는 아파트에도 단점은 있다. 가장 큰 문제는 주차다. 지상 주차 공간이 좁기 때문에 이중 주차는 기본이고 때로는 삼중 주차도 불사한다. 주차난 때문에 입주민들은 늦은 시간 귀가하면 주차장이 만차라 다른 곳에다가 대고 와야 할 때가 많았다.

특히 명절 때가 가장 힘들다. 자녀들이 부모님을 찾아오면서 차들이 몰리기 때문이다. 한 집을 방문하는 차량이 보통 적게는 2대, 많게는 4대까지 있으니 가뜩이나 이중 주차로 빡빡한 지상 주차장은 말 그대로 아수라장이 되고 만다.

주차 다음으로 단점은 놀이터에 투자를 안 하는 거다. 놀이 기구가 오래됐고, 모래 바닥도 위생상 좋지 않지만 교체를 안 했다. 솔직히 안전상으로 문제될 것까지는 없다. 하지만 별이가 점점 자라면서 옆에 있는 신축 아파트 놀이터와 비교를 하기 시작했다.

"왜 저 아파트는 신기한 게 많은데, 우리 아파트는 놀이 기구가 몇 개밖에 없어?"

이 질문에 대한 답을 하기에는 자본주의와 엄마 아빠의 소득까지 설명해야 했기 때문에 지윤은 얼버무리고 넘어가기 일쑤였다.

권정희 약국. 이 약국은 아파트 내 상가에서 20여 년간 한 자리에 위치하고 있다. 70대로 보이는 약사님이 운영하시는 이 약국은 오랜 세월만큼 단골손님도 많았다. 5년 전 지윤이 신혼집을 구하러 이 동네에 왔다가 잠깐 약국에 들렀을 때도 권약사님이 계셨다. 당시 전세 계약하러 같이 왔던 지윤의 엄마가 약사님께 친근하게 말을 건넸다.

"우리 딸 신혼집 여기에 차리려고요. 잎으로 자주 뵐 테니까 잘 부탁드려요."

"여기 아파트로 오시나봐요. 반가워요. 난 여기서 오래 약국 했어요. 필요한 일 있으면 언제든 들르세요."

어르신들은 만나면 참 금방 친해진다. 누가 뭐라 할 것도 없이 날씨부터 서로 대화를 이어간다. 한참 이야기를 나누고 자리로 돌아온 지윤 엄마는 지윤의 귀에 대고 한 손으로 가린 채 속삭였다.

"저 약사님, 니네 학교 선배래. 이 아파트 사시고."

"우리 엄마 대단하시네. 그새 신상정보도 캤어?"

"여자 직업으로 약사만 한 게 없다니까. 약사님 딱 봐도 칠순은 넘은 것 같지? 저 나이 돼서도 이렇게 일할 수 있는 여자 직업이 몇 개나 되겠어. 너도 이과를 갔어야 했는데. 재수를 시켜서라도 약대를 보냈어야 했나봐. 네 아빠 말 들었다가 이 모양 됐잖냐."

"엄마는 다 지나간 얘기를 뭐하러 해. 벌써 졸업한 지 10년도 더 됐어. 나는 지금 너무 행복하다구!"

"이 녀석아, 모르는 소리 말어. 네가 더 살아봐야 내 말이 이해될 거다."

정말 그때는 몰랐다. 결혼 전이었기 때문에 육아와 직장을 병행한다는 건 어떤 건지 상상조차 못 했던 시기니까. 결혼과 신혼이라는 꿈에 부풀어 그 이후에 펼쳐질 파란만장한 삶에 대한 생각은 할 겨를이 없었다. 만약 지윤에게 언니나 오빠가 있었다면 결혼과 육아에 대한 간접 경험이라도 해봤겠지.

평범한 집안 무남독녀 외동딸이었던 지윤은 그저 세상 물정 모르는 밝고 티 없는 아가씨였다. 결혼하면 신혼집 예쁘게 꾸며 놓고 남편과 알뜰살뜰 아껴 모아서 내집도 장만하고 예쁜 아기도 낳고 앞으로 꽃길만 걸을 줄 알았다. 그러나 꿈이 현실로 바뀌는 데는 그리 오래 걸리지 않았다.

결혼 3년 만에 별이가 태어났다. 아이의 탄생은 모두의 축복이었지만, 동시에 지윤을 워킹맘의 삶으로 입장시켰다. 대한민국에서 아이를 키우며 매일 출퇴근한다는 건 결코 쉬운 일이 아니었다.

아기 별이를 키우는 건 독수리 5형제였다. 지윤과 남편 성철이 교대로 저녁 타임을 맡았고, 오전과 낮 타임은 무적의 3인방이 별이를 돌봐줬다. 월요일과 화요일은 친정어머니, 수요일은 시어머니, 목요일과 금요일은 아기 봐주시는 출퇴근 이모님. 그렇게 다섯 명의 어른이 한 명의 아이를 키우며 3년을 버텨냈다. 물리학에서 말하는 에너지 보존의 법칙은 말짱 거짓말이다. 어찌 아이 한 명을 키우는 데 다섯 명의 에너지가 필요하냐고.

'여성들이여! 육아도 커리어도 포기하지 마라!'

성공한 여성 CEO들이 쓴 자기계발서에는 늘 이런 문장이 나온다. '말이 쉽지. 당신도 우리나라에서 애 낳고 회사 다녀보세요!'라는 말이 목구멍 끝까지 차오르는 날이 하루 이틀이 아니었다. 뭔가 저 높은 목표를 달성하지 못하면 루저로 떨어질 것만 같은 불안감이 들었다. 그렇다고 가정과 직장, 정확히 반대 방향을 향해 뛰고 있는 두 마리 토끼를 잡으려고 애를 쓰면 쓸수록 크고 작은 사고들이 발생했다.

지윤은 업무 특성상 중요한 프레젠테이션을 앞두면 야근은 필수였다. 칼퇴가 비정상일 정도로 야근이 많은 게 이쪽 분야다. 마감은 임박했고, 일주일째 야근이 이어졌다. 함께 일하는 팀원들은 집에 가지도 못하고 새벽에 겨우 가서 씻고 나올 정도로 바쁜 날들의 연속이었다.

지윤도 이번 주는 고난 주간이라고 며칠 전부터 아이 봐주시는 양가 부모님들께 알렸지만, 그날 펑크가 났다. 전화로 성철과 한참을 싸우고 격해진 마음에 지윤은 회사 근처 건물과 건물 사이에서 남몰래 눈물을 흘렸다. 건물 사이 골바람이 너무 세서 마음이 얼어버리는 것 같았다. 결국 성철이 오후 반차를 내고 가서 상황은 수습됐다. 하지만 이런 일은 한 번으로 끝나지 않았다.

자기계발서에서는 특히 30대가 중요하다고 한다. 현재와 미래, 어느 쪽도 손해 보지 않으려면 눈앞에 있는 일만 해서 될 게 아니라 앞날도 계획하고 준비해야 하는 시기라고. 남들처럼 이직이나 유학까지는 아니더라도 회사 내에서 제대로 자리를 잡기 위해서는 업무 외에 네트워크도 부지런히 다져야 하는 시기가 30대다.

하지만 아이 때문에 정시 퇴근을 해야 하는 지윤은 업무시간에 최대한 효율적으로 일해야 했다. 일을 쳐낸다는 표현이 맞겠다. 오늘은 여기서 여기까지 다 하고 집에 가야 해. 마음속으로 늘 목표량을 잡아두고 데일리 스케줄에 분 단위로 체크하며 일했다. 남들보다 1.5배속으로 일을 해도 시간이 모자랄 지경인데, 인적 네트워크가 가당키나 한 말인가.

그렇게 상황에 얽매여 집과 회사만 왔다 갔다 하며 살았다. 그러다 보니 자신의 취미나 휴식은 점점 사치스러운 것처럼 느껴졌고, 삶의 즐거움은 점점 줄어들었다. 그렇게 지윤은 서서히 우울감을 느끼기 시작했다.

위태위태하게 몇 년을 버텨온 지윤에게 결정적인 일이 발생했다. 진급을 결정짓는 고과 시즌이 도래했을 때였다. 평소에 일 참 잘한다는 소리를 들었기에 과장 진급에 대해선 걱정하지 않았다. 그동안 열심히 일해왔고, KPI(Key Performance Indicator: 핵심성과

지표)도 괜찮게 나왔다. 그래서 내심 진급도 기대했고, 연봉 상승하면 전세금도 올려줄 수 있을 거라 계산하고 있었다.

하지만 정부장은 그녀를 진급시켜주지 않았다. 대신에 남자 동료가 그 자리를 차지했다. 그는 실무는 언제나 펑크였지만, 의전에는 목숨을 거는 유형이었다. 정부장이 술 약속이 있으면 회사 지하 주차장에서 차를 빼서 직접 댁까지 갖다 두기도 했고, 회식이나 주말 골프 모임에도 적극적으로 참여하며 정부장 눈에 들기 위해 안간힘을 썼다. 업무 역량이 부족한 대신 다른 곳에서 점수를 채웠다고나 할까.

워킹맘이었던 지윤은 퇴근하면 양육자 교대하러 뛰어갔어야 했기 때문에 업무 시간 외에 정부장 요구를 들어줄 수가 없었다. 그런 지윤에게 정부장은 말했다.

"지윤 대리, 나는 이래서 여자 부하직원이 불편해. 어디 데리고 다닐 수도 없고."

뼈 있는 정부장의 농담에 지윤은 그저 한숨만 쉴 수밖에 없었다. 아이 봐주시느라 폭삭 늙어가시는 부모님들께 더 희생을 바랄 수도 없는 노릇 아닌가. 분명 저 분도 딸만 둘이라고 들었는데, 자기 딸은 귀하고 남의 딸은 별로 안 귀한 줄 아나보다. 이렇게 속절없이 밀리려고 힘들게 공부하고 여기까지 버티며 올라온 건 분명 아닌데….

건드리면 톡하고 눈물을 흘릴 것 같은 날들이었지만, 지윤은 잘 참고 회사를 다녔다. 하지만 별이가 네 살에 접어들던 때, 친정어머니 무릎이 안 좋아지시면서 자연스럽게 월화 담당이 빠졌다. 부랴부랴 이모님을 구하려고 했지만, 믿고 맡길 수 있는 분을 찾지 못했다.

완벽을 기대했던 것도 아니다. 그저 꾸역꾸역 돌아가기만 해도 된다고 눈높이를 낮춘 지 오래였다. 하지만 겨우겨우 톱니바퀴 물리듯 살아가던 날에서 톱니 하나가 빠져버리니 모든 게 무너졌다. 지윤은 삶에 절망감을 느꼈다. 그토록 힘들게 버티며 쌓아온 것들이 모래성처럼 부서지는 걸 보면서 자신의 가치도 잃어버린 것 같았다.

그렇게 도망치듯 육아휴직을 내고 집으로 돌아왔다. 딱 1년뿐이지만, 지윤은 몸과 마음을 추스르고 별이를 위한 시간을 보내자고 마음먹었다.

권정희 약국에 들른 그날은 그렇게 육아휴직을 내고 들어온 지 한 달째였던 2월의 어느 날이었다.

"권약사, 내가 그랬나? 꼰대 오브 꼰대라니. 나 혹시 권약국의 진상 오브 진상이었던 건 아닌가? 애기 엄마 미안해요. 나이 든 사람이 그냥 하는 소리니까 너무 신경 쓰지 마요. 요새 사람들 바쁜데 어떻게 다 집밥 해 먹이겠어. 나도 예전에 애들 키울 때 몰래 반찬가게에서 사다가 내가 한 것처럼 그릇에 옮겨놓고 시치미 떼기도 했다오."

"아니에요, 어르신. 말씀해주셔서 감사합니다. 갑자기 아욱 된 장국 땡기는걸요. 아까 말씀 들으면서 오늘 저녁 메뉴로 건새우 사다가 아욱 된장국 끓여볼까 생각하고 있었어요. 혹시 가락시장에 맛있는 수산물 파는 곳 아시면 소개 좀 해주세요. 제가 직장 다니다가 육아휴직을 낸 지 얼마 안 돼서 어디에 뭐가 있는지 잘 몰라요."

"육아휴직 중이신가요? 어쩐지 요즘 자주 보이시더라고요. 직장 다니기 힘들죠? 바깥일 하는 게 남자도 힘든데 애까지 키우면서 좀 힘들었겠어…."

지윤은 잠깐 꼰대를 떠올렸던 자신이 부끄러웠다. 꼰대는 원래 자신이 꼰대라는 걸 인정하지 않는 사람이다. 하지만 잔소리로 들렸다면 미안하다고 사과하시는 모습에서 어르신의 인품을 느낄 수 있었다. 어르신이 좀 더 궁금해졌다. 직장 다니느라 동네에 아는 분이 별로 없었던 터라 어쩌면 좋은 이웃이 될 수도 있다는 생각이 들었다.

"어르신, 말씀 편하게 낮추세요. 저희 엄마보다 연세 있으실 거 같은데요."

"아… 그런가? 내가 칠순을 넘긴 지도 오래됐지. 애기 엄마, 내가 말 편히 할게. 내 이름은 정희숙이야. 다들 정여사라고 불러요. 여기 103동에 살고. 애기 엄마 이름은 뭐죠?"

정여사는 반말과 높임말을 섞으며 말을 건넸다. 아직 말을 낮추기가 영 어색한 모양이었다.

"기쁠 희에 맑을 숙이신 거죠? 저희 엄마랑 이름이 같으시네요. 저는 한지윤이에요. 지혜 지 자에 빛날 윤이에요. 저는 108동에 살아요."

"이쁜 이름이네. 지윤씨라고 부를게요. 108동이면 우리 옆 동이구나. 거기 평수가 작아서 신혼부부들이 많이 살죠. 참, 생선가게 물어봤지. 지윤씨, 가락시장에 가면 1층에 진영수산이라고 있어. 거기 사장님한테 가락동 정여사가 소개해줘서 왔다고 하면 잘해주실 거야. 필요한 거 있으면 구해주시기도 하니까 가서 편히 물어봐."

"감사합니다, 어르신."

이름을 잊지 않으려고 지윤은 다시 한번 나지막하게 읊조렸다. 할머니 성함은 정희숙, 가락시장 수산물 파는 곳은 진영수산…. 지윤은 이 아파트에 5년째 살고 있지만, 매일 출근하느라 동네에서는 낯선 이방인과 다를 바 없었다. 하지만 오늘 권약사님, 정여사님과 대화를 나누면서 동네에 든든한 아군이 생긴 기분이었다.

"엄마, 어서 집에 가자. 나 졸려."

별이가 옷자락을 잡아당기자 지윤은 머뭇거렸다. 어르신과 좀 더 이야기를 나누고 싶었는데… 다시 생각해보니 시간이 꽤 많이 흘렀구나. 아이가 우선이니까 말을 끊고 일어서야 했다. 정여사가 눈치채고는 말했다.

"우리가 젊은 사람 시간을 너무 뺏었네. 다음에 또 봐요. 별이라 그랬지? 다음에 또 만나면 할머니랑 인사하자. 안녕! 잘 가."

"오늘 말씀 감사합니다. 다음에 또 뵙겠습니다. 소개해주신 진영수산도 꼭 들를게요. 감사합니다. 먼저 들어가보겠습니다."

지윤은 먼저 일어나는 게 죄송해서 꾸벅 인사를 두어 번 하고서야 약국문을 열고 나왔다.

집으로 돌아온 지윤은 허리를 굽혀 마루에 떨어져 있는 아이 장난감과 옷들을 집어들며 거실로 들어섰다. 지윤의 모습은 밀레의 〈이삭 줍기〉 여인네들을 연상시켰다. 노을이 지고 있는 저녁 추수가 끝난 들판에서 고된 노동을 하고 있는 여인네들과 끊임없이 집안일을 하고 있는 지윤의 모습은 다를 게 없어 보였다.

성철은 오늘도 야근이었다. 지윤이 육아휴직을 낸 이후부터는 거의 독박에 가까운 육아 생활을 하는 중이었다. 독수리 5형제 몫을 혼자 하자니 벅차지 않을 수 있겠는가. 쉽지 않을 줄은 알았지만 육아 생활은 매 순간이 새로운 도전이었고, 원했던 고생이니 즐겁게 극복하고자 애쓰던 중이었다.

"어쩌겠어. 이 또한 해내야지."

별이를 씻기고 저녁을 먹인 후 거실 등부터 껐다. 더 놀겠다는 아이와 재우겠다는 엄마의 실랑이가 시작되는 순간이었다. 역시 예상대로였다. 별이는 눕지 않겠다고 발버둥 쳤다. 하지만 지윤은 참을성을 가지고 별이의 수면 습관을 만들기 위해 노력하고 있었다. 낮에 많이 놀아서 피곤했을 텐데 자기는 싫고, 그래서 별이는 찡찡대기 시작했다. 그나마 별이와 타협점을 찾은 건 책이었다.

"우리 별이 이만 자자. 엄마가 그림책 읽어줄게."

"그럼 별이 코 자러 갈게. 나 잠들 때까지 읽어줘야 해."

또박또박 말하는 음성을 보니 오늘도 한두 권 읽어서 될 게 아니구나 생각했다. 무려 여섯 권의 책을 바꿔가며 이야기를 들은 후에야 별이는 스르르 잠이 들었다. 지윤은 아이들에게 다양한 이야기를 들려주면 상상력과 창의력이 길러진다고 믿었다. 그래서 힘들어도 잠들기 전에 동화책 읽어주는 시간을 소중하게 생각했다.

밤 10시, 지윤은 별이가 깰까봐 발뒤꿈치를 들고 조심조심 별이 방에서 나왔다. 이제야 마침내 자신만의 시간을 가질 수 있었다. 아무리 바쁘고 힘들어도 지윤만이 하는 루틴이 있다. 바로 일기 쓰기다. 언제부터인가 지윤의 일기가 별이의 육아 일기로 변해가고 있었다. 언제 다시 지윤의 일기로 돌아올 수 있을지 모르겠지만, 지윤은 일기를 펴서 오늘 하루의 생각을 정리하며 글을 쓰기 시작했다. 지윤은 마지막 문장을 적고, 한숨을 동시에 내뱉으며 일기장을 덮었다. 내일의 일상에 다시 도전하기 위해 이제 잠자리에 들어야 했다.

지윤의
일기

오늘도 하루가 바쁘게 흘러갔다. 언제나 그렇듯, 아이를 키우다 보면 시간이 정말 빠르게 지나간다는 느낌이 든다. 하지만 나는 이 하루를 숙제처럼 보내지 않으려고 애썼다. 그동안 마케터로서, 엄마로서, 아내로서, 딸로서, 며느리로서 살면서 늘 책임감과 의무에 시달리지 않았던가. 온전히 내 삶에서 누리고 느껴야 했던 것들을 모두 생략한 채 말이다.

아이가 내 인생의 발목을 잡은 것은 결코 아니다. 내가 가장 원했던 게 바로 아이를 키우는 기쁨이었으니까. 평생 동안 이 아이와 이렇게 다정하게 붙어 지낼 수 있는 기간은 그리 길지 않으리라. 그 기간 동안 나는 최선을 다해 이 아이를 사랑해줄 것이다.

오늘 낮에 약국에서 103동 어르신과 인사를 나눴다. 오다가다 얼굴이 익어서인가, 이상하게 낯이 익었다. 마치 오래전부터 알고 지내던 분같이 편안했다. 왠지 친해질 것만 같은 느낌이 들었다. 결이 비슷한 분 같다.

나도 할머니가 되면 저렇게 여유 있고 평안한 노후를 보낼 수 있을까? 하기 싫은 일을 하는 데 시간을 보내지 않고, 온전히 내가 원하는 것과 사랑하는 사람들로 내 시간을 채울 수 있는 그런 부자 할머니가 됐으면 좋겠다.

2

부끄러운 투자 이야기

놀이터란? 별이라는 참새에게는 그냥 지나쳐서는 안 될 방앗간, 야쿠르트 여사님에게는 트래픽이 높은 핫플레이스, 아파트 입주민회에서는 주차 공간으로 만들고 싶은 알짜배기 땅. 언제나 별이는 어린이집 하원길에 놀이터로 달려갔다. 이미 익숙한 루틴이라는 듯 지윤은 별이 가방을 건네받고 조심해서 놀라는 당부와 함께 미소를 지었다. 놀이터 가장자리 벤치에 있던 별이 친구 엄마들이 이리 오라고 손짓을 했다. 그렇다. 지윤에게 놀이터는 먼 옛날 여인들이 수다를 떨던 빨래터 같은 곳이었다.

"왜 이렇게 늦었어요? 별이 감기는 좀 떨어졌어요?"

"계절마다 감기죠. 다행히 이번에는 좀 수월하게 넘어가네요. 그래도 바깥에서 좀만 놀다 들어가면 좋겠는데 말이죠. 제 맘과 같나요. 호호호."

"그래도 별이가 건강하니까 저렇게 뛰어놀지. 좋게 생각해요, 별이 엄마. 이거 하나 마셔요. 우린 아까 애들 것 사면서 하나씩 마셨어."

민준 엄마가 아까 야쿠르트 여사님에게서 사뒀던 BTS(방탄소년단) 지민이 그려진 바닐라 라떼를 지윤에게 내밀었다. 카페인의 힘을 빌려 오후를 견뎌내라는 육아 동지들의 격려라고나 할까. 지윤은 전투 식량처럼 느껴지는 커피를 받아들고 감사하다는 인사를 했다.

육아에서 가장 힘든 건 뭘까? 아이의 교육, 건강, 가족 간의 갈등, 경제적 고민 등 사람마다 다양하겠지만, 지윤이 생각하기에는 '외로움' 같았다. 아이를 키운다는 건 당연히 행복하고 보람된 일이다. 하지만 때로는 지칠 때도 있고, 누군가와 이야기하고 싶을 때도 있기 마련이다.

이런 외로움을 함께 느끼며 서로 의지하는 사람들은 가족이나 친구들이 아니다. 바로 같은 동네에서 함께 아이를 키우는 엄마들이다. 아이들이 모두 같은 어린이집에 다니고, 하원 후 놀이터에서 노니까 자연스럽게 엄마들도 친해졌다. 지윤은 직장에 다니고 있었지만, 양가 부모님들과 이모님이 이들과 관계를 잘 다져 놓으셔서 지윤도 엄마들 무리에 쉽게 녹아들 수 있었다.

가끔은 아이를 어린이집에 데려다주고 함께 모닝커피를 마시기도 했고, 오후에는 놀이터 그늘에 앉아 아이들 노는 것을 바라보기도 했고, 마트에 함께 들러 장을 봐서 집으로 돌아가기도 했다. 만나서 하는 이야기는 별거 없다. 시댁이나 남편 흉을 보면서 맞장구를 치거나, 다이어트나 뷰티 정보를 속닥속닥 나누거나, 애들 전집이나 학원 관련 정보를 나누는 정도다.

이렇게 많은 시간을 함께 공유하는 엄마들의 관계애는 실로 대단했다. 지윤은 여태 직장생활에서는 느낄 수 없었던, 더 비장하고 끈끈한 동지애를 엄마들 사이에서 느꼈다. 지윤은 특히 첫째를 키워본 선배 엄마들의 비법과 교육 정보를 전수받을 수 있다는 점에서 이들 무리에 끼어 있음에 감사했다.

"우린 이만 일어나봐야 해요. 별이는 이제 막 왔으니까 더 놀다 갈 거죠? 별이 컨디션 괜찮아지면 주말에 민준이 생일파티에 와요. 요 앞에 새로 생긴 키즈카페 예약해뒀어. 상황 봐서 톡 줘요."

"벌써 가세요? 커피 잘 마셨어요. 주말에 연락드릴게요. 별이가 무조건 나아야 할 이유가 생겼네요. 별이에게 말하면 오늘부터 밥 잘 먹고 약도 잘 먹고 매일 일찍 일찍 잘 것 같은데요? 고마워요."

"그래요, 별이 어서 나아서 그날 꼭 와요. 우리 그때 또 수다 떨어요."

"네, 조심해서 가세요."

지윤은 일어나서 엄마들을 배웅했고, 별이는 친구들과 안녕 인사를 하는 듯 손을 연신 흔들었다. 그래서 지윤은 우리도 집에 가자고 손가락으로 집 방향을 가리켰다. 어림도 없는 소리. 별이는 좀 더 놀겠다고 고개를 크게 젓고는 뒤돌아 미끄럼틀을 올랐다.

'그래, 놀아라. 다치지만 말고 잘 놀아.'

멀리서 지윤은 속으로 말하며 다시 자리에 앉았다. 핸드폰이나 좀 볼까 하며 가방에서 핸드폰을 꺼내는 순간, 저기서 지윤을 부르는 소리가 들려왔다.

"지윤씨."

'누구지? 이 동네에서 나를 '별이 엄마'가 아닌 '지윤'이라고 부르는 사람이?'

아이를 낳으면 이름을 잃어버린다. 그냥 누구 엄마라고 불릴 뿐이다. 사실 그렇다고 엄마들이 서로의 이름을 모르는 것도 아니다. 이름은 알지만, 편의상 아이 이름을 부른다. 그러고 보면 인간은 참 경제적 동물이다. 아이 이름과 엄마 이름을 둘 다 외우지 않고 하나로 통일시켜 부르니까.

더 재미있는 건 나이를 고려해서 자신보다 언니면 그 집 아이 이름에 '언니'를 붙인다. 나름 예의를 갖춘다는 뜻이다. 예를 들어 '별이' 친구 '윤미'의 엄마가 자신보다 두 살 많다면 '윤미 언니'가 되는 것이다. 무슨 공식이 있는 것도 아닌데 어느덧 일종의 규칙이 되어 이 동네 엄마들 사이에서는 통용된다.

"어머, 어르신. 안녕하세요? 어디 다녀오시는 길이세요?"

지윤은 멀리서 걸어오는 정여사를 확인하고 자리에서 일어나서 허리 숙여 인사를 했다.

"뭘, 그렇게 정중하게 인사를 해. 나 우리 다롱이랑 산책하던 중이었어."

"다롱아, 안녕. 강아지 너무 귀여워요."

하얀 털이 복슬복슬한 포메라니안이었다.

"애들 다 떠나고 집이 횅해서 키우기 시작했는데, 전화 한 통 없이 바삐 사는 애들보다 이 강아지가 더 가족 같아. 나에게 더 웃음을 많이 준다니까. 별이 저기서 놀고 있구나. 좀처럼 집에 들어갈 기색이 안 보이네."

"맞아요. 요 녀석 이제 막 놀이터에 온 거라서요. 좀 더 놀 것 같네요. 잠시만요. 여기 잠깐 앉아 계세요."

지윤은 야쿠르트 여사님께 달려가서 '하루야채' 음료를 사서 돌아왔다.

"이거 드세요. 소화에 좋은 음료예요. 저는 아까 별이 친구 엄마들이 커피를 주고 가서 마시고 있었어요.”

“어휴, 고마워라. 나 이거 종종 사 마셔. 내 취향을 어떻게 알았을까?”

“그래요? 어르신, 저랑 결이 비슷하세요. 저도 좋아하는 음료거든요.”

“그래. 나도 처음 봤을 때부터 지윤씨가 나랑 잘 맞는 것 같다고 생각했거든. 나 아무한테나 이런 소리 하는 사람 아니야. 나 정도 나이가 들면 이 사람이 어떤 사람인가 눈에 보여.”

“관상도 보실 수 있으세요?”

“관상이랄 게 있나. 얼굴에 다 써 있는데. 나한테 뭘 원하는 게 있는 사람인지, 그냥 나를 좋아하는 사람인지 말이야.”

지윤은 내심 기뻤다. 그런 기분 있지 않은가. 학교 다닐 때 단짝이 되고 싶은 친구가 있었는데, 그 친구에게서 나와 친해지고 싶다고 적힌 쪽지를 받았을 때. 그 날아갈 것만 같은 기분. 지윤은 살짝 웃으면서 고개를 끄덕였다.

“내가 음료도 하나 얻어 마시는 김에 지윤씨에게 도움 되는 얘기 하나 해줄게. 무슨 얘기가 좋을라나.”

“정말 좋아요. 어떤 말씀이라도 아주 기쁠 것 같아요. 잔소리라고 생각 안 하니까 편하게 아무 말씀이나 해주세요. 사실 저는 어르신들 얘기 듣는 거 좋아하거든요.”

정말 그랬다. 지윤은 자랄 때 외할머니 손에 커서 또래에 비해 할머니와의 대화를 편하게 생각했다. 정여사가 어떤 이야기를 해주실까. 지윤이 아는 정보라고는 정여사가 103동에 산다는 것뿐이었다. 그 동은 56평으로만 구성되어 있는 단지에서 가장 비싼 동이었다. 한마디로 정여사는 부자 할머니였다. 그런 분과 대화를 할 수 있다니! 부자의 지혜를 배울 수 있을 것이라는 기대감에 지윤은 설레었다. 어떻게 부를 일구셨는지, 투자는 어떻게 시작하셨는지, 경제 공부는 어떻게 하시는지, 자녀분들은 어떻게 키우셨는지 등등 질문 리스트를 뽑으라면 100개도 넘게 뽑을 수 있을 것만 같았다. 하지만 초면에 그런 걸 여쭤보는 건 예의가 아닌 것 같아서 말씀을 먼저 해주시는 날이 오면 좋겠다고 생각만 하던 차였다.

"명성 손칼국수집 알아?"

"네, 거기 바지락 칼국수로 엄청 유명하잖아요. 이사 오고 몇 번 가본 적 있어요. 그런데 거긴 왜요?"

"응. 거기 장사장이 내 오랜 친구야. 내가 그 건물 주인이거든. 장사장네 가게가 잘 버텨줘서 나야 고맙지. 그거 말고도 땅도 몇 군데 있고, 주식도 좀 있어. 이것저것 다 합치면 한 200억쯤 될 거야. 이래 봬도 나 주식 하는 여자야."

정여사는 자칫 자랑하는 것처럼 들릴까봐 대화의 끝에 저런 썰렁한 농담을 붙였다. 지윤 나이대에 가장 큰 고민은 아무래도 돈 고민일 것 같다고 생각하셨는지 돈에 대한 이야기를 꺼내실 모양이었다.

"네, 너무 부러워요. 근데 어떻게 그렇게 많은 자산을 모으셨어요?"

"긴 이야기를 시작해야겠구나. 나도 처음엔 은행 예금 말고는 아는 게 아무것도 없었어. 투자는 꿈도 하나. 먹고 죽을 돈도 없었는데. 게다가 부동산으로 돈 벌면 큰일 난다고 생각했어. 그런데 남편 월급으로 애 셋을 키우는데 도저히 계산이 안 나오더라고. 그뿐이 아니었어. 장남이었던 남편은 시동생 학비까지 책임져야 했거든. 그 뒤치다꺼리를 하느라 옷 한번 제대로 사본 적 없고, 애들 클 때 고기반찬 한번 양껏 못 해줬지. 없는 집 장남한테는 시집가는 게 아니라는 옛말이 틀린 게 하나도 없었어."

"힘든 시기가 있으셨네요. 어르신 인상이 너무 평안해 보여서 원래부터 귀한 집에서 자란 고명딸 같은 분인 줄 알았어요."

"고명딸? 아니야. 나도 스무 살에 상경해서 시장에서 점원 생활부터 해봤어. 고생을 모르는 게 아냐. 근데 그 시절은 다 못 살았으니까. 상대적 박탈감 같은 건 없었지. 요즘은 수저로 계급을 나눈다고 하더라. 신문에서 봤어."

"수저계급론 있죠. 저희는 학교 때부터 금수저, 은수저 따져가면서 친구들을 사귀었어요. 저는 흙수저까지는 아니었고 동수저쯤 됐던 것 같아요. 그래서 처음부터 많이 가지고 시작하는 친구들이 늘 부러웠어요."

지윤은 내심 돈을 많이 모으지 못한 것에 대한 면죄부라도 받고 싶은 심정으로 자신은 금수저가 아니었음을 어필하고자 했다.

"괜찮아, 지윤씨. 아무것도 없이 시작해도 스스로 노력하면 다른 인생을 살 수 있어. 나는 첫눈에 지윤씨가 돈을 잘 다룰 수 있는 사람이라고 생각했는걸?"

"어째서요? 제 관상에 묻어나 있나요?"

"그날 약국에서 영수증 볼 때 알았지."

"아, 그날요? 약제비 청구 못 하는 금액이 나와서 좀 아쉽다 생각했었죠. 그게 표정으로 읽혔나요?"

"영수증을 꼼꼼 보던 모습 보니까 대강 알겠던데. 저 친구 돈 관리 잘하겠구나."

"쑥스럽네요. 제가 매일 가계부를 쓰고 있어서 영수증을 꼼꼼하게 챙기긴 해요."

"거 봐. 내 한 번에 알아맞혔다니깐. 근데 돈 관리를 잘한다는 건 아껴 쓴다는 것만 말하는 건 아니야. 돈을 잘 쓸 줄도 안다는 말이야."

"돈을 잘 쓰는 게 돈 관리라고요?"

"그래. 사람들은 돈을 안 쓰면 안 쓸수록 좋다고 생각하는데

틀렸어. 돈을 제대로 쓸 줄도 알아야 해. 그날 별이가 뽀로로 비타민 사달라니까 흔쾌히 사줬잖아? 그건 돈을 어디에 써야 하는지 잘 알고 있다는 뜻이야. 돈은 낭비 없이 모아야 하고, 감동을 줄 수 있는 데 써야 하거든."

"제가 돈을 잘 쓴 거였군요. 별이가 병원에서 불편했을 진료를 잘 견뎌서 칭찬해주고 싶었거든요. 항상 병원 들어가기 전에 저랑 약속을 해요. 오늘 진료 볼 때 씩씩하고 멋지게 해내자고. 애들이 진료 볼 때 생떼를 부리면 의사 선생님이랑 간호사 선생님이 난처해하고, 뒤에 대기하고 있는 환자들도 불편해하니까요. 그래서 별이에게 약속 잘 지켰다고 칭찬 겸 선물로 뽀로로 비타민을 사준 거였죠."

"그러니까. 소비가 누군가에게 감동을 준 거잖아. 지금 나에게도 하루야채 음료로 감동을 줬고. 소비는 이렇게 하는 거야. 정작 자신은 모르고 있었다지만, 자네는 돈 관리하고 쓰는 데 타고난 사람이야."

정여사는 음료를 얼굴 가까이 들어 좌우로 흔들며 미소를 지었다. 지윤은 비싼 것도 아닌데 자신의 소비가 누군가에게 감동을 줄 수 있었다는 것에 겸연쩍은 웃음을 보였다.

"사람들은 대부분 가격을 보고 지갑을 열거든. 하지만 그건 틀렸어. 감동이 소비 결정의 기준이어야 해. 물건을 건넸을 때 누군가가 감동을 받거나 내가 감동을 받을 수 있겠다 싶으면 그냥 사. 가격에 너무 연연해하지 말어. 가격표를 굳이 볼 필요가 없지. 대충 견적 나오잖아. 백화점은 다 비쌀 것이고, 시장은 대부분 싸잖아. 같은 의미에서 식당도 마찬가지란다. 공간이 가격을 이미 말해줬으니까. 굳이 물건을 사거나 메뉴를 고를 때 가격을 볼 필요가 없지."

"말씀 듣고 보니 그렇네요. 가격에 상관없이 감동을 받았던 물건은 오래 기억에 남았거든요. 무조건 아끼는 것이 정답은 아닌 거 같아요. 저 역시 아끼기만 하면 스트레스를 많이 받는 타입이라서요. 아끼다 아끼다 못 참고 한 번씩 보복 소비를 해서 늘 돈이 부족했어요."

"아껴 쓰는 건 물론 중요해. 하지만 잘 벌고, 잘 불리는 것도 함께 생각해봐. 사람들은 아끼기만 하면 다 부자가 되는 줄 알거든. 그래서 가계부 칸 채우는 데 급급하지. 매달 들어오는 소득이 적다면 아끼기만 했을 때는 한계가 있어. 소득 이상으로 아낄 수는 없잖아. 하지만 벌고 불리는 데는 한계가 없어. 돈을 더 버는 데 에너지를 쓰고, 불리기 위해 계속 공부하고 투자를 해봐. 자산이 훨씬 더 늘어날 수 있을 거야."

"그런 것 같아요. 시간이 지날수록 재테크를 잘한 사람과 아닌 사람은 확연히 차이가 나는 걸 여러 번 목격했어요. 어르신은 투자가 두렵지 않으셨어요?"

"처음엔 무척 겁이 났지. 그래도 어쩌겠어. 해야 한다고 생각했으니까 했던 거지. 나도 30대 초반부터 재테크를 했거든. 그러니까 지금 지윤씨가 저기 놀고 있는 별이를 바라보는 눈빛만 봐도 뭘 걱정하고 있는지 짐작할 수 있지. 저 어린 걸 어떻게 하면 돈 걱정 없이 하고 싶다는 거 다 시키며 키울 수 있을까, 그 고민 하고 있었지?"

"어떻게 아셨어요? 제 마음속에 다녀가셨나요?"

지윤은 돈을 많이 벌고 싶었다. 남들이 말하는 경제적 자유도 누리고 싶었고, 부모님께 용돈도 팍팍 드리고 싶었다. 그런데 오르지 않는 월급을 보면서 마음처럼 되는 게 없는 게 인생이라는 걸 깨닫고 있던 차였다. 때론 혼자만 뒤처지는 기분에 힘이 빠지기도 했다. 잠든 아이 얼굴을 볼 때마다 이 아이 하나만큼은 정말 아낌없이 다 해주고 싶다는 마음이 불쑥 솟아오르면서도, 언제까지 내가 회사에 다니며 돈을 벌 수 있을까 불안감이 밀려오기도 했다.

올해 1월, 지윤은 연말 보너스를 탈탈 털어 삼성전자 주식을 100주 샀다. 지금껏 지윤은 주식 계좌가 없었다. 주식은 패가망신의 지름길이라는 엄마 말씀대로 증권사 근처에도 안 갔던 지윤이었다. 하지만 지난해부터 코인이다 코스피다 나스닥이다 다들 돈 벌었다는 이야기를 들으며 지윤은 나도 할까 말까 많이 망설였다. 결국 강하게 FOMO(Fear Of Missing Out: 소외되는 것에 대한 두려움)를 느끼며, 신년이 되자마자 새 마음 새 뜻으로 증권 계좌를 개설하고, 우리나라에서 제일 안전하다는 삼성전자 주식을 매수했다. 동료들은 삼성전자가 10만 원까지 간다고 했고, 유명한 유튜버도 삼성전자는 우상향할 수밖에 없다고 했으니 믿을 만한 주식이라 생각했다.

하지만 7만 8천 원에 샀던 삼성전자 주식은 6만 원대까지 곤두박질쳤다. 지윤은 주식에 눈이 달렸나 어떻게 내가 샀다는 걸 알고 이렇게까지 떨어지나 놀라웠다. 손실액이 100만 원을 넘어서자 큰 욕심을 부려서 벌을 받고 있다는 생각에 지윤은 밤에 잠도 잘 수 없는 지경이었다.

'더 손실 나면 안 되겠다. 다 정리하고 맘 편히 살자.'

결국 6만 5천 원에 삼성전자 주식을 모두 정리했다. 가만히 앉아서 석 달 만에 130만 원을 날렸다. 억울한 마음에 삼성전자 주식이 오른다고 말했던 전문가들에게 가서 따지고 싶었다. 그렇지만 어쩌겠는가. 투자는 나 개인의 판단에 의한 것이었으니.

육아휴직을 낸 후부터는 좀 더 적극적으로 재테크를 해보려 했다. 급여를 반만 받는 대신, 나머지는 재테크 수익으로 채우겠다는 야무진 다짐을 했으니까. 시간을 쪼개서 책도 읽고, 별이 어린이집에 간 사이 재테크 강좌도 듣고 오곤 했다. 그런데 돈을 쫓으려 했더니 돈은 한 걸음 멀어져가는 게 아닌가. 공부한 건 중구난방이었고, 이해되지 않은 채로 뛰어들었던 주식투자는 실망스런 결과로 남았다. 마치 학교 다닐 때도 본 적 없었던 낙제 수준의 성적표 같았다.

"지금 지윤씨 맞벌이지? 둘이 합하면 얼마나 벌어? 재테크는 좀 하고 있어?"

갑자기 벌이는 얼마냐는 질문이 훅 들어오자 지윤은 깜짝 놀랐다. 하지만 어르신께서 무언가 중요한 말씀을 해주실 것 같아 크게 망설이지 않고 말을 해야겠다고 생각했다.

"남편이랑 둘이 합쳐서 월 700만 원 벌어요. 저는 입사한 지 9년차이고, 남편은 7년차라서 월급이 많지 않아요. 게다가 저는 육아휴직 중이라 월급의 절반만 받고 있는 상태이고요. 둘 다 전문직도 아니고, 대기업이지만 연봉이 낮은 업계라서 둘이 벌어도 빠듯하네요."

"둘이 벌어 700만 원이면 나쁘지 않구먼. 그래서 지금 얼마나 모았어? 집은 전세야? 자가야?"

"전세예요… 근데 모은 건 별로 없어요."

"지윤씨, 알뜰하게 잘 모았을 것 같은데 왜 저축을 못 한 거야?"

"정말 바보같이 들리겠지만요. 저 사기당했어요…."

지윤은 말끝을 흐렸다.

"제가 월급 적다고 툴툴거리니까 어느 날 사수가 묻더라고요. 자기가 친척한테 돈을 맡겨서 굴리고 있는데, 관심 있으면 소개시켜주겠다고요. 솔깃하더라고요. 주식은 너무 어렵고, 부동산은 목돈이 필요해서 그냥 은행에 넣어둔 돈이 좀 있었거든요. 약간의 수수료만 주면 자산을 불려준다니… 이건 내가 귀인을 소개받는 기분이었다고 할까요. 사수는 그 친척분에게 2억 원 투자해서 매달 수익금으로 200만 원씩 받는다고 하더라고요. 1년이면 2천 4백만 원… 연수익률 12%라니 놀라울 따름이었죠. 당시 저축은행 예금금리도 2%가 안 되던 때였거든요. 역시 투자는 전문가들이 해야 하나라는 생각에 결혼자금으로 모아뒀던 5천만 원을 몽땅 맡겼어요."

"저런…."

"그다음부터는 상상하시는 그대로예요. 처음 몇 달은 돈이 들어오다가 그다음부터 뚝 끊기더라고요. 사수도 돈 잃은 건 마찬가지였나 봐요. 한동안 술만 마시고 회사도 나오다 말다 하더니 지방으로 발령 나서 더 이상 볼 수도 없게 됐어요. 남들 다 돈 모아서 불리는데, 저 혼자 저만치 뒤로 처져버렸어요."

"남에게 맡기는 투자 말고 주식이나 펀드는 안 해봤어?"

"올해 초에 뒤늦게 삼성전자 주식 샀다가 100만 원 넘게 날리고 다 팔았어요. 주식도 제 체질이 아닌 것 같아요. 저는 왜 하는 것마다 다 이 모양일까요. 큰 욕심을 부린 것도 아닌데…."

지윤은 다시 속상한 마음이 올라와서 자신도 모르게 두 손으로 얼굴을 감쌌다. 부자 할머니는 그런 지윤이 안쓰러웠는지 등을 위에서 아래로 여러 번 쓸어내려주셨다.

"제가 그때 조금만 더 현명했다면 힘들게 번 돈을 모르는 사람에게 맡기지 않았을 텐데요. 너무 후회가 되네요. 어르신은 이런 어리석은 일을 하지 않으셨겠죠?"

"살아가면서 한두 번의 실수는 하기 마련이야. 중요한 건 그걸 얼마나 빨리 털고 일어나느냐지. 시간을 허투루 쓰지 마. 지나간 일을 자책하고 곱씹는 시간에 앞으로 돈을 얼마나 잘 벌고 불릴까를 고민하는 게 좋아. 그리고 말이야, 전문가라고 말하는 사람도 100% 믿지 마. 그 사람도 잘 몰라. 알면 그렇게 말아먹고 도망갔겠어? 스스로 이해가 안 되는 투자에는 돈을 넣는 게 아니야."

"잘 모르니까… 혹시 저만 몰라서 못 벌고 있는 건 아닐까 생각했던 거죠. 전문가들은 정말 말을 잘 하니까 자꾸 혹 해서 넘어가게 되더라고요."

"원래 타고난 언변가들이 공부를 잘하면 변호사, 못하면 사기꾼이 된다는 말이 있잖아. 돈 벌게 해주겠다는 사람은 무조건 조심해. 무료로 주식을 알려준다거나, 부동산 컨설팅 해주겠다는 사람들은 100% 사기꾼이야. 콩 심은 데 콩 나고 팥 심은 데 팥 나잖아. 아무것도 안 심으면 아무것도 안 나는 게 세상 이치거든. 그런데 심은 적도 없는데 콩이랑 팥이랑 준다면 이상하지 않아?"

"듣고 보니까 그렇네요. 그땐 뭐에 홀린 것 같았어요. 나에게만 온 기회를 놓칠 수 없다는 생각에 마음이 조급했나 봐요."

"딱 사기꾼들 계략에 말려들었네. 자네에게만 특별히 기회를 준다고 강조했지?"

"어떻게 아셨어요? 사수가 말하기를, 자기도 몇 자리 안 남아서 겨우 들어간 거라고. 그러니 자기가 소개해줘도 못 할지도 모른다고 그랬거든요."

"지윤씨 인생 수업 비싸게 했네."

"맞아요. 다들 저한테 수업료 낸 걸로 치라고 그러더라고요."

"수업료… 수수료도 아까운데 수업료까지 내면서 뭐 제대로 배웠는가? 인생에서 돈이 벌릴 기회가 몇 차례 있어. 그때를 위해 아껴 쓰고 모으는 거잖아. 그렇게 잘 모았어. 그다음엔 여기저기 물으러 다니더라. 뭐 사야 하냐고. 그런데 말이야, 이때가 사기꾼한테 먹잇감이 되기 딱 좋을 때지. 수중에 돈을 갖고 있으면 더 조신해야 하는데 그걸 몰라. 이렇게 두어 번 사기를 당하면 다시 일어서기 정말 힘들어. 다시 종잣돈을 모으는 것도 힘들지만 세상에 대한 불신과 자괴감에 무너지는 사람들 몇몇 봤어. 차라리 손해 본 돈은 빨리 잊어버려야 하는데 그놈의 미련이 뭔지….”

“사기꾼이 사기꾼이라고 얼굴에 써놓고 다니지는 않잖아요. 저 같은 초보가 그런 사람을 걸러낼 수 있는 비법이라도 있나요?”

“당연히 있지! 사기꾼은 딱 세 가지 종류야. 기억해둬. 첫째, 착한 척하는 유형이야. 스스로 선하다고, 착하다고, 좋다고 말하는 사람을 제일 조심해야 해. 사람들의 경계심을 늦추게 하거든. 그렇게 의도적으로 믿음을 준 다음에 투자금을 받기 시작하지. 예전에 시장에서 곗돈 들고 튄 사람들은 다 그렇게 좋은 사람들이었어. 둘째, 천재, 왕비, 여왕도 조심해야 해. 일단 자기가 제일 똑똑하고, 우두머리라는 인상을 줘서 사람들이 우러러보게 만드는 거야. 그래야 자신의 말을 다 믿게 할 수 있으니까. 자기보다 똑똑한 사람한테는 금방 들킬까봐 사기 칠 수가 없잖아. 그래서 좀 어리숙한 사람들에게 존경받는 콘셉트를 원하는 거야. 팬심을 이용하는 걸 수도 있고. 일단 자신을 우러러보게 만들면 뭐든 다 팔 수 있거든. 셋째, 성경책과 논어책도 위험해. 차 뒷자석에 항상 성경책을 두고 다니는 사람이 있었어. 교회도 잘 안 나와. 그런데 사람들은 성경책만 보고는 독실한 기독교 신자인 줄 알지. 책상 위에 논어책 올려두는 사람도 조심해야 해. 평소에 책도 안 읽는 사람이 공자 왈, 맹자 왈 하고 다니면서 사람들의 신뢰를 얻으려 한단 말이야. 스스로를 애써 포장하는 사람은 감출 게 많은 사람들이야.”

"이렇게 키워드로 말씀해주시니까 머리에 쏙쏙 들어오는데요. 선한, 착한, 좋은, 천재, 왕비, 여왕, 성경, 논어… 재미있어요. 생각해보니 이런 이름을 쓰는 사람들이 많이 있네요. 저 한 가지 더 여쭤봐도 될까요?"

"얼마든지 물어봐. 음료값 아직 남았어."

"어르신 말씀 너무 재미있어요. 저 영문과 나왔는데요, 금융 용어들은 영어 아니면 한자로 돼 있어서 이해가 너무 어려웠어요. 재테크 시작하기 전에 경제 용어 먼저 공부하면 되나요?"

"웃자고 하는 말이지만, 나는 가끔 그런 생각을 해. 일부러 금융사에서 용어를 어렵게 만들어서 일반인들이 이해하지 못하게 하려는 건 아닐까 하는… 그래야 금융사들이 돈을 벌 수 있으니까. 경제 용어 먼저 공부해. 근데 너무 어려운 건 안 해도 돼."

"어머, 그게 그렇게 되나요? 하긴 들어도 이해를 못 하면 내가 몰라서 그런가 보다 생각하며 전문가의 의견에 넘어가는 경향이 있기는 하죠."

"예전에 나 운전면허 시험 때 얘기를 해줄게. 운전면허 장내 시험을 칠 때 맨 마지막이 주차였거든. 신호, 좌회전, 후진 이런 건 연습하니까 되던데 주차가 너무 어려운 거야. 그래서 애초에 주차는 포기하고 다른 건 다 만점을 받자는 전략으로 합격했어. 그건 내가 학교 다닐 때도 마찬가지였어. 수학 시험에서 맨 마지막 어려운 두 문제는 안 풀었거든. 그래도 다 되더라고. 그러니까 너무 어려운 용어는 이해하려고 애쓰지 마. 안 해도 사는 데 별 지장 없어. 모든 걸 다 하고, 모든 걸 다 알고 살 수 없는 게 인생이잖아?"

"아니다 싶으면 빠른 손절, 빠른 포기도 필요하다는 말씀이죠?"

"그렇지. 대신 알아야 하는 것은 정확히 알고 실행하는 게 중요해."

"네, 너무 어려운 건 하지 말고 상식적으로 이해가 되는 투자만 제대로 공부해서 실행하라는 말씀이시죠? 이해했어요."

"자네 재테크 자질이 있다니까. 이렇게 잘 알아듣고 말이야. 만약 지금보다 자산이 3배쯤 늘어난다면 뭘 사고 싶은데?"

"당연히 내집 마련이죠. 조금 작고 불편해도 좋으니 내집이 있으면 좋겠어요."

지윤은 뭐니뭐니 해도 한국에서는 부동산이 최고라고 배웠다. 자산증식에서 레버리지 효과를 가장 잘 활용할 수 있는 게 부동산이기 때문이다.

"옳은 생각이야. 세상이 이러니저러니 하더라도 부의 첫걸음은 부동산이고, 실거주를 목적으로 매수한 내집은 자산 생성의 반석이 된다는 건 변하지 않는 진리거든."

"말하다 보니까 얘기가 길었지?"

"아니에요. 저 스마트폰 메모장에 계속 기록하고 있어요."

"그래, 잘 들어줘서 고마워. 긴 얘기였지만 핵심은 하나야. 내 돈내투, 내 돈으로 내가 판단해서 투자해야 한다는 말이지. 다른 사람 얘기를 참고는 해도 돼. 하지만 최종 판단 주체는 나여야 하고, 그러기 위해서는 자기 안의 철학을 다지는 게 중요해. 이렇게 얘기하면 다시, 공부하라는 말로 귀결되는구나. 젊어서 공부 많이 해. 시끄러운 데 끌려다니지 말고."

"네, 이젠 별이 보느라 독박 육아라서 혼자 짬짬이 공부밖에 할 수 있는 게 없어요. 육아휴직 1년 동안 저도 좀 차분히 인생도 돌아보고, 재테크도 시작해보려고 해요."

"지금이 자네에겐 인생의 갭이어(Gap year: 하던 일을 잠시 중단하고 진로를 설정하는 기간)구나. 투자를 어렵게 생각하지 마. 투자란, 시간이 흘러도 가치가 오를 것을 사는 게 투자야. 공부하지 않고 투자하는 게 위험한 거지, 투자 자체는 위험한 게 아니란다. 내가 다음에 이 동네 부동산 한번 데리고 갈게. 잘 아는 사장님이라서 근처 브리핑 좀 해달라고 하면 지윤씨한테 도움될 거야."

"어머, 이런 귀한 기회를… 너무 감사해요."

"아냐. 나도 지윤씨랑 바람 솔솔 부는 벚꽃 나무 아래서 도란도란 얘기하는 시간이 좋았어. 우리 밥 먹을까? 친구 된 기념으로 밥 한번 살게."

정여사는 백을 뒤적이더니 수첩을 하나 꺼내 휘리릭 넘긴다.

"내가 이번 주는 일정이 있네. 다음 주 언제가 좋아? 화 또는

금이면 좋겠는데?"

'역시 부자는 다르구나. 언제 밥 한번 먹자가 아니라, 정말 수첩에서 날짜를 확인하고 스케줄을 잡으시네.'

지윤은 정여사의 행동 하나하나, 말투 하나하나를 스캐닝하기 시작했다. 부자 할머니에게 배울 게 많을 거라 예상했는데 역시였다.

'이분의 애티튜드도 배우고 싶다.'

"화요일 좋아요."

"지윤씨 운전할 줄 알아?"

"아뇨. 장롱 면허예요. 회사에는 차를 가져갈 수 없어서 연수를 못 받았어요."

"여자들한테 운전은 필수다. 우리 딸이 특목고를 다녔거든. 내가 아침마다 차로 태워다줬어. 일부러 운전을 배웠지. 지하철과 버스로 갈아타고 가야 하는 시간이 너무 아깝잖아. 한 시간이라도 더 재우고 싶어서 '김여사 운전'으로 도로를 기어다녔어. 요즘은 남녀 구분 없이 운전을 다 하니까 도로에서 욕먹을 일은 별로 없잖아. 그땐 나 도로 위의 욕받이였어. 운전이 무섭다면 장거리 운전은 잘 못해도 돼. 시내에서 도어 투 도어(Door to door)로 움직여 이동 시간을 줄이는 게 중요해. 그렇게 시간을 밀도감 있게 알차게 써봐. 나는 아침에 밥 차려 애 셋을 학교 등교시키고 객장에 가서 수식 거래하고 다른 동네 아파트도 돌아본 뒤, 집에 돌아오는 길에 장 봐서 애들 저녁 해 먹이고 다시 학원 태워다줬어. 만약 내가 운전을 못 했다면 가능했을까?"

"와. 그게 현실적으로 가능한 일이에요? 원더우먼 아니세요?"

"다 가능해. 마음만 먹으면 돼. 사람들이 생각하는 불가능한 일의 90%는 마음을 먹지 않아서 못 하는 일이야. 일단 운전부터 연수받아봐. 별이 어린이집에 가 있는 시간을 잘 활용하면 좋겠네. 운전만 해도 다른 사람들 2~3일에 할 일을 하루에 모두 압축해서 할 수 있어."

"아, 계속 깨우침의 연속이군요. 명심하겠습니다."

"그래, 다음 주 화요일 오전 11시 반에 103동 앞 주차장으로 와. 차를 가져가야 해서. 내가 그날은 지윤씨 기사야. 정기사~ 운전해."

정여사는 이렇게 썰렁한 농담을 좋아한다. 오히려 여유 있어 보이고 상대를 존중해주는 모습 같아서 지윤은 또 한번 웃어드린다.

지윤의 일기

평범하게 지나갈 줄 알았던 오늘이 매우 특별한 하루가 됐다. 우연히 부자 할머니를 만났으니까. 두 번째 만남에서 할머니와 대화를 나누면서, 이분의 성격을 좀 더 파악할 수 있었다. 어려운 이야기도 무심한 듯 가볍게 던지고, 내 질문에도 명료한 답을 주셨다. 무엇보다 할머니의 모든 말과 태도가 따뜻했다는 것이 좋았다.

할머니 덕분에 돈을 아껴야 한다는 부담감은 덜었고, 투자 실패로 인해 생겼던 두려움도 사라졌다. 투자 자체가 위험한 게 아니라 투자를 공부하지 않은 채 투자했던 내가 위험했던 거라니! 어른이 된 이후 14년간 나는 그저 비어 있던 것이나 마찬가지였다.

'과거의 실수에 발목 잡혀 현재를 낭비하지 말자.' 이 말도 명심해야지. 내가 모르는 건 또 얼마나 많을까. 그렇지만 즐겁다. 다음 주에 부자 할머니가 또 이야기를 해주실 테니까.

부자 할머니가 내게 해주신 최고의 조언들을 다시 한번 기억해두자. '사기꾼들 조심하고, 시끄러운 데 끌려 다니지 말고, 젊어서 공부해두자. 조금 작고 불편하더라도 내집 마련의 꿈을 이룰 수 있게.' 이런 걸 말씀해주시는 건 정말 환산 불가한 호의야!

3

부자의 애티튜드

47년생 정희숙. 부자 할머니는 재건축이 추진중인 송파구의 어느 아파트 2층에서 반려견과 살고 있다. 그녀가 저층을 선호하는 이유는 창밖의 경치를 빌릴 수 있는 '차경'과 땅에서 올라오는 '기운' 때문이다.

오래된 아파트는 동과 동 사이가 넓고 오래된 나무들이 많아 마치 공원 속에 있는 듯했다. 정원뷰가 가능한 동이 단지 내 몇 동 있다. 특히 103동 정여사 집은 거실창 바로 앞까지 나무들이 자라 사계절 '차경'이 멋들어졌다. 봄이면 보랏빛 한복 자태의 자목련을, 여름이면 풍성하리만치 짙은 녹음과 매미소리를, 가을에는 빠알갛게 감이 익어가는 모습을, 겨울에는 온 세상을 하얗게 뒤덮는 설경들 모두 거실에 앉아서 감상할 수 있다. 이것만으로 이 집에 살 이유는 충분했다.

다른 이유는 '기운'이었다. 그녀는 땅과 가까이 살아야 밤새 땅의 기운을 받아 가뿐하게 일어날 수 있다고 믿었다. 아마 연세 있으신 분들 중에는 건강상의 이유로 저층에 사시는 분들이 꽤 많으리라. 정여사도 나이가 들어갈수록 자연에 더 가까워지고 싶어했다.

정여사 주변에는 두 명의 남자가 있었다.

첫 번째는 그녀의 남편이다. 그는 회계사로 오래 일했다. 몇 년 전 은퇴하고 취미 생활 하며 시간을 보내다가 올해 초 강릉으로 떠났다. 강릉은 그의 고향이기도 했지만, 바다가 보이는 작업실에서 조용히 그림 그리고 낚시나 하며 지내고 싶다고 했다. 그러고 싶었을 게다. 30년 넘게 회계사로 일하면서 책상 앞에 앉아 얼마나 숫자만 바라보고 살았겠나. 검은 것은 숫자요, 흰 것은 종이로다. 그 작은 숫자가 적힌 종이들 속에서 평생을 보냈으니, 남은 생은 넓고 확 트인 바다를 바라보며 알록달록한 세상을 그리고 싶었겠지. 힘들게 별거 이야기를 꺼낸 남편이 무안할 정도로 정여사는 쿨하게 허락했다. 그가 오래전 강릉에 집 한 채를 마련하고 휴가 때마다 다녀올 때, 정여사는 이런 날이 올 거라고 예상하고 있었다.

두 번째는 그녀의 손자다. 정여사 첫째 딸네 부부는 미국 대학에 교환교수로 나가 있다. 3년은 돌아오지 못할 거라며 살고 있던 집을 전세로 내어줬다. 그래서 오갈 데가 없어진 손자를 정여사가 거두고 있다. 사실 거둔다고 표현할 만큼 손자 나이가 어린 것도 아니다. 그의 나이는 스물아홉 살이고 직장인이다. 외로운 1인 가구끼리 근처에 살면서 동고동락 한다고 할까. 정여사도 심심하지 않고, 손자도 할머니 걱정을 좀 덜 수 있었다. 할아버지 떠난 집에 혼자 계실 할머니가 계속 마음 쓰였기 때문이다.

날씨가 화창한 5월 첫째 주 화요일. 지윤은 별이를 어린이집에 등원시키고 빠른 발걸음으로 집으로 돌아와 외출 준비를 했다.

'모처럼 약속인데 예쁘게 하고 나가야지.'

평소에는 선크림만 바르고 다녔지만, 오늘은 멋을 부려도 좋은 날이었다. 오랜만에 거울을 보며 화장을 시작했다. 메이크업 베이스를 톡톡톡 두드려 발라주고 자연스러워질 동안 방 안으로 들어가 어젯밤에 세팅해둔 8호선 핑크색 피케티셔츠와 무릎 아래 선까지 내려오는 플리츠스커트로 갈아입었다.

약속 시간보다 10분 일찍 103동 앞에 도착한 지윤은 엘리베이터 소리가 '땡' 나자마자 본능적으로 라인 입구쪽으로 고개를 돌렸다. 비즈가 달려 있는 까슬까슬한 감촉의 흰색 탑 위에 베이지 컬러의 린넨 자켓 소매를 무심한 듯 단정하게 접어 올리고 통이 넓고 편해 보이는 톤온톤 컬러감의 팬츠를 입은 정여사가 등장했다. 한눈에 봐도 세련된 멋쟁이 할머니였다.

정여사 코디에서 지윤의 눈길을 사로잡는 게 있었으니, 바로 가죽 백이다. 브라운 컬러감이 더욱 고급스러운 프랑스 에르메스 제품으로 가격만 수천만 원 하는 하이엔드급 명품이었다.

'부자는 역시 물건 하나를 골라도 다르구나.'

지윤은 정여사 앞으로 다가가 인사를 했다.

"안녕하세요?"

"빨리 왔네. 나도 시간 늦는 사람은 아닌데 먼저 와서 기다렸구나. 출발할까?"

"네, 어르신. 오늘 너무 예쁘세요."

"예쁘긴. 놀리는 거 같잖아. 지윤씨 나이가 예쁠 때지. 어쩜 이런 쨍한 컬러가 잘 어울리나. 난 이제 쭈그렁 호박이야."

정여사는 자신의 베이지 톤온톤 착장을 늙은 호박이라 비유했다. 웃기지는 않지만 웃어드려야 하는 유머 코드.

"저기 저 흰색 차로 걸어가면서 얘기하자. 그래, 지난번 얘기한 이후 경제 공부는 시작했어?"

"그럼요. 생각해보니 돈이 많았으면 좋겠다고 막연히 생각했지, 체계적으로 공부를 한 적이 없더라고요. 하루 10분씩이라도 유튜브 보면서 공부하고 있어요."

"이럴 줄 알았어. 유튜브도 좋지만 체계적으로 공부를 하려면 먼저 책을 읽어야 해. 머릿속에 대략적으로 얼개를 만들어놓은 다음, 거기에 하나씩 채워가는 게 공부거든. 자기 머릿속에 정리를 잘해놔야 필요할 때 꺼내 쓰기 좋지. 살림이나 지식이나 다를 게 하나도 없어. 집 안에도 물건을 하나둘 갖다놓으면 정신없잖아. 아무리 좋은 물건이라고 해도 찾아 쓰려면 찾을 수가 없잖아. 머릿속도 정리가 안 돼 있으면 좋은 정보를 알아도 제때 활용할 수 없어 사장돼버리지. 이거 받아."

"어머, 이건 책 아니에요? 니체, 경제, 주식…."

"다들 재테크 시작한다고 하면 주식책부터 사보는데, 그러면 안 돼. 철학책을 먼저 읽어야 해. 결국 시장을 움직이는 건 사람들이고, 사람들의 마음을 알아야 시장의 움직임을 꿰뚫어볼 수 있거든. 공부는 넓은 것에서 서서히 좁혀가면서 하는 게 좋아."

"감사합니다. 어르신, 이런 말씀 실례일 것 같기도 한데요… 진짜 일타 강사 같으세요. 공부법 강의 나가셔도 되겠어요. 이 책 순서대로 열심히 공부할게요. 저도 별거 아니지만 준비한 게 있어요."

지윤은 가방에서 핸드크림을 꺼냈다. 한 주먹에 딱 들어갈 정도로 작고 앙증맞은 핸드크림이었다.

"이거 너무 괜찮은데? 튜브형은 끝이 뾰족해서 가방 안감에 긁히기 일쑤거든. 이건 동글동글하니 좋다. 향도 근사하네."

정여사는 핸드크림을 받자마자 뚜껑을 열어 손등에 발랐다. 라벤더와 장미를 섞은 것같이 은은한 향에 정여사는 기분 좋은 표정을 지었다. 사소한 선물에도 진심으로 만족하는 모습을 보고 지윤은 기분이 좋았다. 더 좋은 것을 사드리고 싶었지만 돈도 없고, 부자에게 과연 비싼 선물은 어느 수준일까 생각하다가, 지윤이 애용하는 핸드크림을 선물하기로 했던 것이다. 괜한 고민을 했다는 생각에 지윤은 마음이 홀가분해졌다.

깜박깜박.

음식점 앞에서 깜빡이를 켜두고 내렸다. 당연히 발레파킹 서비스가 되는 식당이었다. 부자는 시간을 소중하게 생각하는 사람이다. 드라마에서 재벌집만 봐도 알 수 있지 않은가. 집안일은 도우미가, 운전은 기사님이, 정원은 정원사가, 회사 일은 직원들이 한다.

부자들의 시간을 아껴주기 위해 금융사에서는 직원들이 직접 집으로 찾아와 일을 처리해주고, 백화점에서는 퍼스널 쇼퍼가 고객의 스타일에 맞게 옷이나 구두를 제안해 집으로 갖다준다. 이처럼 부자는 비용을 지불해 타인의 시간을 샀기 때문에 자신의 시간을 압축적으로 활용할 수 있다.

이곳은 노루궁뎅이 버섯으로 유명한 샤브샤브집이다. 맛집으로 소문난 곳인데 별이가 너무 어려 한 번도 와보지는 못했다. 식당 문을 열고 들어가니 사장님이 반갑게 정여사를 맞이했다.

"사모님, 안녕하셨어요? 오랜만에 오셨네요. 손녀분이신가요?"

"염려해주신 덕분에 잘 지냈어요. 손녀는 아니고, 내가 모시고 온 귀한 손님이에요. 우리 자리 좀 안내해주세요."

지윤은 자리에 앉아 메뉴판을 펼쳤다.

'아무리 점심 코스라고 하지만 이건 가격이 너무 비싸잖아.'

5만 원에 육박하는 점심값에 살짝 부담이 느껴지는 순간, 정여사가 웃으며 말한다.

"지윤씨, 여기 처음이지? 내가 맛있었던 걸로 시킬게. 다음에는 지윤씨가 좋아하는 데로 가자."

정여사는 지윤이 부담스러워할까봐 메뉴판을 덮으며 바로 주문했다. 정여사는 이곳 단골이었다. 샤브샤브는 몸에 좋은 채소를 부드럽게 익혀서 먹을 수 있는 음식이다. 소화도 잘되고, 많이 먹지 않아도 되니 몸에도 좋다. 게다가 음식은 비쌀수록 좋은 재료를 쓴다. 좋은 걸 적게 먹자는 게 정여사의 음식 철학이었다.

주문을 받으러 온 직원에게 정여사는 점심 B코스 두 개를 시켰다. 그리고 지갑에서 만 원 짜리 몇 개를 꺼내 반으로 접어 직원 앞치마 호주머니에 넣으며 말한다.

"나 귀한 손님 모시고 왔어요. 잘 좀 부탁해요."

"감사합니다, 사모님. 맛있게 해서 나올게요."

정여사는 주문을 마친 후 물 한 잔을 들이켜며 웃는다.

"여기 직원분들이 테이블에서 샤브샤브를 직접 다 해서 수시로 그릇에 담아줘. 저분들 도움으로 우린 그냥 먹기만 하면 돼. 그래서 코스 시작하기 전에 팁을 좀 드리거든. 그러면 한결 부드러워지더라고. 나중에 지윤씨도 중요한 자리에 가면 서브해주시는 분들 마음을 먼저 좀 녹여드려. 그러면 식사 분위기도 좋아지고, 모시고 간 손님도 기분 좋게 식사할 수 있어."

역시 예상했던 대로다. 정여사는 자기보다 낮은 사람이라고 함부로 대하는 사람이 아니었다. 지윤은 정여사의 이런 애티튜드에 빠져들고 있었다.

'부자 할머니… 돈에만 관심 있는 투기꾼은 아니신 것 같다. 세입자를 친구라고 부르신 것을 보면 악덕 건물주도 아닌 것 같고, 식당 종업원에게도 팁을 주시는 것을 보면 인색한 분도 아닌 것 같다. 나 같은 초짜에게 경제 공부 하라고 강요하지 않으시고 슬며시 책을 내미셨던 모습에서 배려가 느껴지기도 했다. 생각해보니 자식들 사회적 지위를 내세우며 거들먹거리신 적이 한 번도 없으셨네. 사람들과 어울려 살아가는 지혜, 어른으로서 자세를 두루 갖추신 분 같다.

부자 할머니에게 돈이란 무엇일까? 주변을 부드럽게 만들어주는 도구, 가족의 행복과 안녕을 유지시켜주는 도구, 자존감을 지키며 평온한 삶을 지속하게 해주는 도구… 또 뭘까? 그래. 부자 할머니를 나의 멘토로 모시자. 그리고 30년 뒤 나도 이 식당에서 또 다른 지윤에게 내 이야기를 해줄 수 있는 사람이 되자.'

지윤은 부자 할머니와의 세 번째 만남에서 꿈을 꾸기 시작했다. 30년 뒤에 자신도 정여사 같은 부자 할머니가 되겠다고. 어느덧 그릇에 고기와 야채가 담겨 있었다.

"뭘 그렇게 골똘히 생각해. 어서 들어. 식겠어."

큰 결심을 해서인가 지윤은 갑자기 배가 고팠다. 따뜻한 국물 한 숟갈에 청경채와 버섯을 얹히고 입에 넣었다.

'음… 샤브샤브가 왜 이렇게 부드럽고 맛있지?'

"여사님, 아까 백에서 지갑 꺼내실 때 잠깐 봤는데요. 장지갑을 쓰시네요?"

"눈썰미 있네. 내가 돈을 귀하게 생각해야 돈이 대접받기 위해 나에게 오거든. 그래서 장지갑에 돈을 펴서 소중하게 넣고 다녀. 영수증이나 명함 같은 게 들어 있으면 지갑도 상하거든. 깔끔하게 지폐만 넣어. 이렇게 대접을 잘해주는데 돈이 저절로 굴러 들어오지 않겠어? 여기 살게 만들어주는 거야. 아무리 모바일 페이가 편하다 해도 현금을 써야 할 때가 꼭 있더라고."

"여사님은 처음에 어떻게 돈을 모으셨어요?"

지윤은 마침내 궁금했던 말을 꺼냈다. 누구나 처음은 있었을 테니까. 정여사가 지금처럼 부자가 되기 전에는 어떤 모습이었을지 궁금했다. 그걸 알아야 지윤도 자신의 미래 모습을 하나씩 그려볼 수 있으니까 용기를 내어 질문을 했다.

"나도 처음에는 아끼기만 하면 부자가 되는 줄 알았어. 새마을 운동이 대표적이었지. 근면 성실하고 아껴 살면 우리도 잘살 수 있다고 그랬으니까. 나라에서 하는 말을 곧이곧대로 믿었어. 물론 틀린 말은 아니었어. 그런데 수돗물도 아끼고, 전기도 아끼고, 매일같이 가계부를 빼곡히 적는데도 살림살이가 나아지지 않는 거야. 소득이 적었으니까. 소득이 적으면 늘리면 되는데, 그걸 깨닫기까지 꽤 많은 시간이 걸렸어. 당시 남편은 공무원이었거든. 공무원 월급이야 뻔했지. 그 양반도 늦기 전에 좀 더 높은 연봉을 받는 직업으로 갈아타야겠다고 생각했나 보더라. 퇴근 후 집에 와서 새벽까지 공부해 회계사 자격증을 땄어. 그렇게 공무원에서 고소득 직장인이 됐고, 돈을 아껴서 모은 다음 주식과 부동산으로 차차 전환해나갔던 거야."

"직장 다니면서 전문직종에 도전한다는 게 결코 쉬운 일이 아닌데, 대단하셨네요."

"그렇지. 존경받을 만한 양반이야. 그래도 자산형성의 시작은 절약이야. 절약이 몸에 배어 있지 않으면 돈을 많이 벌어봤자 흐지부지 사라진다는 건 자명한 일이거든. 게다가 연봉이 높아지면 새로운 사람들을 만나면서 사람들 의식해서 돈을 많이 쓰는 경향이 있거든. 그때 조심하면 내 수중에 자산으로 붙잡아둘 수 있는 게지."

"그럼, 어르신은 돈을 벌어본 적이 없었나요?"

"우리 시대 여자가 할 수 있는 일이 별로 없었어. 젊을 때 메리야스 판매점 직원으로 일한 적이 있거든. 그때 물가가 너무 빨리 오르더라고. 메리야스 가격이 하루 자고 일어나면 100원 오르고 몇 주 지나니까 또 200원 오르는 거야. 아이고, 내가 돈만 있으면 미리 사뒀다가 따로 팔아서 이문을 좀 남겨보면 어떨까 생각했지. 근데 그 나이에 내가 무슨 돈이 있었겠어. 아쉬움이 많이 남더라고. 그래도 나 정도면 시장이 돌아가는 원리를 일찍 터득한 편이었지. 만약 시골에 그대로 있었다면 알 수 없었을 경험이었어."

"어르신이 명석하신 거죠. 보통 사람들은 그런 현상이 눈앞에 일어나도 잘 몰라요. 왜 가격이 올랐지? 생각만 하고 끝났을 테니까요."

"나이 들어서도 칭찬받으니 기분이 좋구나. 직장생활은 재미있었어?"

"재미는 있죠. 하지만 직장이 일만 해서 되는 곳은 아니더라고요. 몸을 갈아넣어 일을 해도 자꾸 나만 뒤처지는 기분이 들었어요."

"직장은 내 시간을 제공한 만큼 월급을 받는 곳이기도 하지만, 월급 받으면서 일을 배울 수 있는 곳이기도 해. 메리야스 가게에서 적은 월급을 받고 일했지만 많은 걸 배웠다고 생각해. 예를 들면 사람 상대하는 방법, 사람들이 좋아할 물건을 사고 싶게끔 진열하는 기술 등 말이야. 만약 내가 장사 밑천 벌려면 푼돈 월급 받아서는 안 되겠다며 판매직을 관뒀다면 어떻게 됐을까? 티끌 모아봤자 티끌일 뿐이다만, 그래도 나에겐 그 시기가 티끌 모아 초석을 다졌던 때였어. 무언가 뚜렷한 계획을 잡기 전까지는 고정 수입이 들어오는 직장은 중요한 거란다. 수입이 안정적으로 들어온다면 언제든 보다 높은 계획을 세울 수가 있거든."

"어르신은 월급 받으면서 일과 사람을 다 배우셨네요. 저도 직장에서 정말 많은 걸 배웠다고 생각해요. 내 앞에 가는 세 사람 중 한 사람은 반드시 스승이라는 말 있잖아요. 회사 내에서도 세 명 중 한 명은 꼭 스승으로 모시고 싶은 분이 있었어요."

"그렇다면 나도 스승에 속하나?"

"당연하죠. 넘버원이세요."

"그래. 그럼 얘기 좀 더 할까. 아까 너무 절약만 강조한 것 같아서 말이야. 사실 너무 아끼기만 하면 안 돼. 잘 써야 잘 들어온다. 돈 귀하다고 금고에 넣고 모셔두기만 하면 돈은 그냥 죽어. 미래의 행복한 삶을 위해서도 투자해야 하거든. 돈을 어디에 쓰느냐에 따라서 인생의 풍요와 행복이 달라지는 거야. 예를 들어서, 돈을 음식이나 옷이나 장난감 같은 일회용 소비재에 다 쓰면 그건 욕구를 충족시키는 걸로 끝나. 반면에 돈을 여행이나 교육, 자기계발 같은 가치 있는 경험에 쓰면 그건 추억과 능력을 쌓아가는 거지. 그렇게 자신이 원하는 삶에 다가갈 수 있게 해주는 게 바로 돈이라는 도구일세."

"극도의 절약만이 정답은 아니군요. 경험에도 돈을 쓰라는 말씀이죠?"

"그렇지. 하나를 알려주면 열을 알아듣네. 얘기해준 보람이 있어."

지윤은 어깨가 으쓱해졌다.

"지금까지 얘기한 건 아끼는 것과 버는 거야. 이걸로 부자가 될 수 있을까?"

"글쎄요. 잘 벌고 저축을 많이 하면 괜찮지 않나요?"

"아끼고 저축하는 게 잘못된 건 아닌데 그걸로 끝이라고 생각하면 안 돼. 사고를 확장해봐."

"투자를 하면 되나요?"

"딩동댕! 아끼고 저축해서 은행에 돈을 넣어두면 부자가 될 수 없어. 인플레이션으로 인해 돈의 가치가 하락하기 때문이야. 20년 전에 여기 아파트 가격이 3억이었어. 지금 얼마야? 9억은 족히 하지. 만약 20년 전에 예금으로 3억을 넣어뒀다면 이자 얼마 못 받았을 거야."

"인플레이션으로 저축한 돈의 가치가 떨어진다는 말씀이죠?"

"그렇지. 저축은 고정값이야. 시작할 때 약속한 이자 외에 수익이 없어. 끝이 정해진 미래를 향해 간다는 점에서 저축은 확실히 안정적이야. 하지만 도전이나 발전이 없지. 20년 금방 간다. 그래서 투자도 병행해야 하는 거야."

"그래도 투자는 너무 어려워요."

"물론 투자는 어려워. 공부해도 잘 모르겠고, 어려우니까 어떻게 해? 안 하지. 그래서 일반인들은 투자 대신 아끼는 데만 모든 에너지를 집중하는 거야. 그렇게 해도 큰돈을 만들 수 있다고 착각하고."

"그렇다면 부자들이 돈을 모으는 이유는 투자를 더 하기 위해서인가요?"

"그렇게 해석할 수도 있어. 우리집 양반이 벌어온 돈보다 내가 굴려서 이룬 자산이 더 크거든."

"저는 그런 생각을 못 해봤어요. 아끼고 저축하면 언젠가 부자가 될 수 있을 거라 생각했어요. 제 에너지를 여기다가 다 소비했던 거군요. 아…."

지윤은 자신의 생각이 좁았음에 탄식했다.

"사람들은 자꾸 안 쓰고 줄이려고만 한다니까. 어떻게 투자를 해서 돈을 더 벌까 궁리해야 하는데, 움켜쥐고 있는 적은 돈이 사라질까 걱정만 하지. 투자 자체라는 개념이 머릿속에 없으니 저축만 하면서 빠듯한 하루하루를 살아. 그러면서 왜 자꾸 가난해지는지 이유를 모르고 세상 탓, 정치 탓, 부모 탓을 해. 무작정 누구 탓만 하는 사람치고 부자 없어. 부자는 누구 탓할 시간이 없거든."

"정말 그렇네요. 회사에서도 맨날 누구 탓으로 돌리는 사람 중에 잘된 사람 못 봤어요. 그렇다면 저축은 어떤 의미로 생각하면 될까요? 지금까지는 저축이 인생의 전부였기 때문에 사고전환이 필요해서요."

"흠…. 저축의 목적은 딱 세 가지야. 첫째, 재테크 초기에 종잣돈을 모으고 소비습관을 들이기 위해서. 둘째, 경기가 하강하며 침체기에 들어섰을 때 저렴해진 자산을 추가 매입하기 위해서. 셋째, 나이 들어서 이자만으로도 생활하기 위해서. 이런 저축의 이유를 모른 채 저축만 하고 있다는 건 무지한 거야. 1년이 지나고 2년이 지나도 계속 은행에 현금이 잠들어 있으면 솔직히 반성이 좀 필요해. 내가 투자처를 찾는 데 소홀하지 않았나, 내 공부가 부족한 건 아니었나…."

"만약 그래도 투자가 두려우면 어떡하죠? 너무 까마득해서요."

"일단 고개를 들고 걸어. 발끝만 보고 열심히 동전을 찾는다고 부자가 되는 게 아니거든. 앞을 보고 걸어야 돈 벌 기회도 찾을 수 있고, 시원한 바람도 맞을 수 있단 말이야. 아무것도 하지 않

는 '0'의 상태에서 '1'까지만 발을 디뎌도 '100'까지 갈 수가 있
어. 그 '1'이라는 문턱을 넘는 건 무척 힘든 일이지. 손실이 두려
워 항상 출발선 안에서 머물렀다면 바닥을 딛고 나서야 해. 일단
치고 나간 뒤 그다음은 수정하면서 내가 원하는 목표지점으로
가면 돼."

　이런 말을 나누는 동안 식사가 끝났고, 디저트로 호박파이와
커피가 나왔다. 지윤은 식사하는 내내 뭔가 머리를 한 대 얻어맞
은 것 같은 기분이었다. 기분 좋은 반성이라고나 할까. 자신이 얼
마나 편협하게 살았던가, 뼈저리게 느낀 시간이었다. 그리고 이
제 디저트 타임에는 좀 부드러운 이야기를 하고 싶어 화제를 전
환했다.

　"어르신, 핸드백 너무 고급스러운데 혹시 에르메스 맞나요?"

　"응, 맞아. 나도 큰맘 먹고 하나 장만했지. 이건 까르띠에 시계
야. 너무 예쁘지 않니? 난 이 시계를 보자마자 반했어. 다른 시계
들과 비교할 수 없을 만큼 독특하고 개성 있는 디자인이야. 화려
하면서도 우아하지. 난 명품, 보석 이런 거 좋아해. 내가 돈 벌어
서 내가 사는데 누가 뭐라 그러겠어. 현금은 가치가 자꾸 떨어지
는데 이런 실물 자산은 시간이 지날수록 소중한 빈티지가 되거
든. 그래서 기념일마다 하나씩 모아. 감가상각 없이 예쁘게 잘 착
용하다가 자식에게 물려주려고. 나중에 내가 세상에 없더라도 자

식들이 이걸 보면서 나를 기억해주면 좋겠다는 마음이지. 왜 영국 왕실에서도 보석을 구입해서 대대손손 물려주잖아. 시대에 맞게 재해석할 수 있는 건, 이런 귀금속밖에 없기 때문이야."

지윤은 갑자기 코끝이 찡해졌다.

'어르신이 고가의 물건들을 구입하는 건 사치도 소비도 아니었어. 그저 투자이자 자녀와의 연결고리였다니! 부자는 역시 물건을 살 때도 10년 뒤, 20년 뒤를 내다보고 사는구나.'

"뭘 그리 부러워하나. 자네도 아이 좀 키우면 이런 게 눈에 보일 거야. 남자들은 몰라. 그저 이런 걸 사면 그냥 돈 낭비한다고 생각하겠지? 절대 아니야. 먼저 자산을 구축한 다음, 그 자산에서 수익이 창출되면 그때부터는 실물 투자 개념에서 사치품을 사는 거야. 돈 조금 벌었다고 홀랑 명품시계 사고, 나 좀 고생했으니까 나한테 선물한답시고 명품백 사는 건 말리고 싶어. 부자처럼 보이려고 그러는 거잖아."

"그럼 결혼 예물이나 결혼기념일 선물로 명품 사는 것도 아닌 건가요?"

"결혼할 때 명품반지, 명품백, 명품구두 다 합쳐서 3천만 원 쓸 거 아냐. 그리고 전세자금대출 3천만 원 받겠지? 연 4% 금리면 1년에 이자만 120만 원이야. 금 4돈 값이지. 그게 맞다고 생각하니? 결혼기념일마다 몇 백씩 들여 명품 사는 건 좀 미뤄도 괜찮아.

갚아야 할 이자가 많은 상태에서 명품 사는 건 자제하면 좋지."

"말씀 듣고 보니 그렇네요. 어르신은 몇 살 때부터 명품을 모으신 거예요?"

"나도 이런 비싼 걸 사서 모으기 시작한 건 50대부터였을 거야. 그때부터는 나이보다 젊게 보이기보다는 내 나이대 사람들 중에서 가장 우아하게 보이고 싶더라고. 그래서 하나둘 사 모았어. 이렇게 백이랑 보석이랑 갖고 있으면 오지 말래도 딸이 찾아와. 어디 중요한 자리에 가야 할 때 꼭 빌려간다니까. 그러면서 바쁜 애 얼굴 한 번 더 보는 거야. 불쌍한 늙은이지?"

"아뇨. 정말 좋은 생각인데요. 저, 궁금한 게 하나 있는데요. 여쭤봐도 괜찮을까요?"

지윤은 평소 궁금했던 걸 이참에 물어보기로 했다.

"명품을 직접 사기보단 명품 기업의 주식을 사는 건 어떨까요?"

"그것도 좋지. 현금 가치는 계속 떨어지니까 돈을 모으면 주기적으로 물건으로 바꿔야 한다는 것, 그런 측면에서 명품 기업에 투자하는 것도 좋아. 이왕이면 명품기업 중에서도 1등이 좋겠지. 프랑스 LVMH 사는 10만 원짜리도 1천만 원 명찰 달아서 팔수 있는 기업이야. 한마디로 비싸게 팔아먹을 수 있는 완벽한 데이터를 가지고 있어. 장사 노하우는 하루아침에 생겨나는 게 아니거든. 장사 수완이 좋은 사람은 쉽게 따라가기 힘들어. 그 점을 높이 사줘."

지윤은 정어사와 헤어지고 서둘러 어린이집에 들렀다.

"엄마!" 하며 달려나와 지윤의 목에 안기는 별이를 보니 혼자서 맛있는 거 먹고 온 게 미안했다. 별이가 노루궁뎅이 버섯을 보면 귀엽다고 좋아할 것만 같았다. 다음에 가족끼리 다시 한번 가야겠다는 생각을 하며, 머릿속으로 계산기를 두들겼다. 역시 비싸다. 별이는 어린이니까 뺀다고 해도 둘이 먹으면 10만 원이다. 어휴, 일주일치 장 보는 비용이랑 맞먹는다는 사실에 고개를 흔들었다. 그래도 제일 저렴한 런치 코스는 괜찮겠지? 우리 가족 기념일에 자리 한번 만들어봐야겠다. 부자 할머니가 돈으로 추억을 사는 건 가치 있는 일이라고 하셨으니까!

지윤의 일기

나는 30대 들어 처음으로 꿈이 생겼다. 그 꿈은 부자 할머니가 되는 것이다. 오늘 부자 할머니와의 세 번째 만남에서 그분을 나의 멘토로 정했다. 나도 언젠가 저 모습으로 저 자리에 앉아서 멘티에게 내 이야기를 들려주는 것이 얼마나 멋진 일인지 상상했다.

부자 할머니와 함께한 시간은 내가 삶을 더욱 우아하고 풍요롭게 만들어줄 것만 같다. 그녀는 내게 많은 것을 가르쳐주었다. 부자가 되기 위한 애티튜드와 돈에 대한 철학이다.

첫째, 부자는 시간을 돈으로 사는 사람이다.

둘째, 일터에서 일하면서도 배우기를 게을리하지 않아야 한다.

셋째, 돈을 귀하게 대해야 끌어당김의 법칙에 의해 내게 온다.

넷째, 아끼기 위해 너무 애쓰지 말고, 더 벌기 위해 노력하자.

다섯째, 물건을 구입하는 것보다는 경험에 투자하자.

여섯째, 명품이나 귀금속은 자산을 모은 후 시작하자.

일곱째, 명품은 실물 또는 1등 기업 주식으로 투자하자.

하지만 이런 가르침들을 실천하는 것은 쉽지 않다. 이제부터 나는 부자 할머니께서 가르쳐주신 것들을 실천하기 위해 노력할 것이다. 힘들더라도 더 많은 것을 배우고 더 많은 경험을 쌓는 것은 나에게 분명 도움이 될 테니까.

4

황금부동산

　걷기의 매력은 뭘까? 러닝은 숨이 찬다. 테니스나 골프 등 한 쪽 팔을 써야 하는 운동은 몸이 기울어질 수 있다. 요가와 필라테스는 예쁜 사람만 해야 할 것 같은 부담이 있다. 물이 무서워 수영은 어렵고, 등산은 어차피 내려올 걸 왜 올라가나 싶다. 이것저것 제치고 나니 남은 건 걷기뿐이다. 지윤은 그래서 틈이 나면 나가서 걷는다. 오늘 별이가 할머니 집에서 더 놀다 오겠다고 해서 갑자기 자유가 생겼다. 지윤은 오랜만에 편한 차림으로 걷기 시작했다.

아파트 입구를 나와 공원으로 가는 길은 울창한 나무가 많다. 봄에는 온 동네를 솜사탕빛 분홍으로 물들이는 벚꽃나무, 여름에는 울창하게 푸르른 느티나무, 가을에는 키 높은 노오란 은행나무가 계절별로 존재감을 뿜어낸다. 계절의 변화를 느끼면서 걸을 수 있는 건 큰 축복이다.

지윤은 이 길을 좋아했다. 빨간머리앤이 매슈 아저씨를 만나 초록지붕집으로 가는 길에 '새하얀 환희의 길'이라는 이름을 붙여줬던 것처럼 지윤도 이 평범한 길에 계절마다 이름을 붙일 수 있을 것만 같았다. 그렇게 10분을 걸어 공원으로 들어섰다. 산책로에는 무더운 더위를 물리치는 저녁이 깔리기 시작했다.

'초여름 저녁 공원 산책길은 정말 아름다워!'

하늘에는 붉은 노을이 펼쳐져 있고, 바람은 나뭇잎 향기로 가득했다. 하얀 수국 나무가 공원 앞에서 바람에 흔들리는 모습은 마치 여름의 눈송이 같다.

산책로 양옆으로는 이름 모를 꽃들이 다채롭게 피어 있고, 그 향기는 바람에 실려와 코끝이 달큰했다. 공원의 좁은 길을 따라 산책하는 사람들의 웃음소리와 아이들이 장난감을 가지고 뛰어다니는 소리, 새들의 지저귀는 소리가 어우러져 공원에 생기를 불어넣어주었다.

지윤은 잠시 느티나무 아래에 앉아 이 모든 것을 감상하고 있었다. 무릉노원이 따로 없다. 편안해신 마음에 눈을 감고 온몸으로 초여름의 저녁을 느꼈다.

10분쯤 지났나. 이제 슬슬 운동해볼까, 빠른 걸음으로 공원 내 산책길을 걷기 시작했다. 보폭을 넓히고 팔을 앞뒤로 자연스럽게 흔들면서 딱 25분만 걷자. 직장 다니느라 평소에도 운동할 시간을 내기 힘든 지윤에게 걷기는 유일한 운동이었다. 조금 땀을 흘리고 나면 힘은 들지만 생각도 맑아지고 기분이 좋아졌다.

짧고 굵게 저녁 운동을 끝내고 어느덧 돌아갈 시간이었다. 저녁노을이 점차 어두워지고 공원은 조용해졌다. 가벼운 바람이 부드럽게 불어와 시원했다. 지윤은 땀이 송글송글 솟은 이마를 훔치며 공원 밖으로 나섰다.

'이렇게 상쾌한 기분, 정말 오랜만이야!'

황금부동산은 아직도 불을 밝히고 있다. 늦은 시간까지 웬일일까? 지윤은 궁금해서 부동산 창 사이로 안쪽을 들여다봤다. 아니! 여기 정여사가 앉아 계신 것 아닌가. 너무 반가운 마음에 지윤은 부동산 문을 열고 냉큼 들어갔다.

"안녕하세요? 어르신 계신 거 보고 반가워서 들어왔어요"

정여사는 문 쪽을 바라보며 반갑게 지윤을 맞이했다.

"지윤씨가 이 시간에 웬일이야. 나는 우리 공사장이랑 얘기하고 있었지.”

“오랜만에 별이가 할머니집에 놀러가서 운동하러 나왔어요. 제가 하는 유일한 운동이 걷기라서요. 저녁 공기도 너무 좋아하고요.”

“그랬구나. 시간 괜찮으면 차 한잔 해. 공사장, 여긴 우리 아파트에 사는 한지윤씨라고 해.”

“반가워요. 정여사님 친구분이시구나! 커피 줄까요? 아니면 녹차도 있어요.”

“감사합니다. 녹차 주세요. 두 분 말씀 중에 제가 방해한 건 아닌가 모르겠어요.”

“아니야. 지난번에 얘기했지. 저기 손칼국수집 건물. 거기 2층에 물이 샌다고 해서 공사장이랑 수도 공사 얘기하고 있었어. 공사장이 공사를 또 잘하지.”

“우리 정여사님이 또 내 이름 갖고 놀리네요. 매번 지겹지도 않으세요?”

부동산 사장님 성이 공씨였다. 공사장이랑 수도 공사를 한다는 말씀이 재미있다. 두 분이서 티키타카 하시는 모습이 한두 해 알고 지낸 사이가 아닌 듯했다.

“공사장이 이 동네 터줏대감이야. 궁금한 거 있으면 물어봐, 지윤씨.”

“여기 오래된 부동산인 거 잘 알고 있어요. 창밖에 적혀 있잖아요. '이 자리에서만 30년 있었습니다'라고."

공사장이 웃으며 말한다.

"제가 가락시장 근처에 살아서 이 동네에 오래 터를 잡았죠. 이 동네 아파트, 빌라, 단독, 원룸 훤해요. 세는 언제 만기인가, 젊은 사람들에게 추천할 물건, 3인 가족 갈아타기 물건… 그뿐인가. 집주인들 사정도 속속들이 알고 있죠."

"그래. 공사장이 진짜 오래 일 잘했어. 나같이 공사장만 거래하는 집주인들도 꽤 되지?"

"자랑 같지만, 좀 되죠. 호호."

"우리 공사장이 또 대단한 사람이지. 공사장 스토리 내가 얘기해줘도 돼? 지윤씨도 들으면 좋을 것 같아서."

"또 가락시장 가서 배춧잎 주워다가 애들 다 키웠다는 얘기 하시려고 그러죠? 여사님, 이제 별로 재미없어요."

공사장은 정여사를 향해 눈을 흘겼다.

"그래도 지윤씨가 궁금하면 얘기해줄게요. 한번 들어볼래요?"

"저 너무 궁금한데요? 어떤 일을 하셨어요?"

"그래요. 재미없으면 도중에 끊어도 돼요. 마침 우리 딸이 올 시간도 다 됐네요. 지윤씨 보니까 우리 딸 앞날 같아서 짠하고 그러네. 애 키우면서 직장 생활하는 게 쉽지 않죠?"

"저는 애 하나인데도 이렇게 동동거리며 사는데, 옛 어르신들은 정말 대단하세요. 상상도 하기 힘들어요."

"우린 다 그렇게 살아야 되는 줄 알았으니 살았죠. 넉넉하게 키우는 건 꿈도 못 꿨고, 그냥 무사하게 크기만 바랐어요. 남편 사업이 부도나고 돈은 벌어야겠는데. 어디 일자리 구하려고 해도 동네에서 하는 부업밖에 없더라고요. 그런 거 있잖아요, 액세서리 꿰는 일. 예전에 둔촌동 쪽에 주얼리 회사가 많았어요. 거기서 일감을 주면 동네 엄마들이 부업 삼아 목걸이 같은 것들 꿰어서 납품했죠. 그런데 그건 벌어봤자 반찬값밖에 안 되니까 해도 해도 돈이 안 모이더라고요. 그래서 애들 학교 보낸 시간에 할 수 있는 일을 찾아다녔어요. 집 근처 마트 캐셔 자리도 다 찼고, 백화점 행사 매대에서 판매하는 일도 주말에나 사람을 뽑지 평일 낮에는 잘 안 쓰더라고요. 그러던 어느 날 가락시장에 채소를 사러 갔는데 평소에 보이지도 않던 배춧잎, 무청이 눈에 들어오더라고요. 사람들이 무거우니까 무만 사고 무청은 다 잘라달라고 하잖아요. 배추 겉껍질도 마찬가지고. '저기 버려지는 무청이나 배춧잎을 주워다가 팔아야겠다!' 하는 생각이 들었어요. 내가 그걸 다 가져가주니까 도매상들도 고마워하더라고요. 그걸 모아다가 집에서 깨끗이 손질해 말려서 버스 정류장 앞에서 팔았어요. 품질이 좋고 가격이 싸니까 사람들이 오다가다 많이 사줬어요. 요새 말로 완판 행진이었죠. 그러다가 조금씩 가락시장에서 싸게 채소를 사서 시래기 옆에 두고 팔았더니 돈이 되더라고요. 일찍 다 팔리는 날에는 집에 들어갈 때 치킨도 한 마리씩 튀겨 가고 했어요. 근처 식당에 납품도 했었죠. 품질도 좋고, 약속도 잘 지키니까 주변 식당에서 제 시래기랑 채소를 공급받는 사장님들이 늘었어요. 그렇게 돈을 모았어요. 그다음에 가게를 하나 냈고, 단골들도 꾸준히 와줘서 매출이 늘고 직원을 둘 수 있었어요. 이제 가게를 매일 안 나가도 되고, 시간적 여유가 생기니까 돈을 어떻게 굴려야 할지 생각하게 되더라고요."

"이 양반이 여기서 대박이 터졌지."

정여사는 스포하고 싶어 입이 근질근질하다는 듯이 중간에 끼어들었다. 부동산 공사장은 한 번 웃으면서 정수기에서 물을 따라와 한 컵 들이켰다. 원래 결말로 갈수록 뜸을 좀 들여야 재미가 있는 법이다. 지윤은 그다음이 너무 궁금해서 소파에서 등을 떼어 상체를 앞으로 기울였다.

"가락시장 옆에 저층 주공이 있었는데요, 시장 다닐 때마다 그 아파트를 봐왔던 거죠. 그땐 뭘 잘 몰랐죠. 그냥 비싸든 싸든 내 수중에 돈이 좀 모이면 하나씩 사서 전세 주고, 또 전세가 오르면 세입자한테 더 받은 돈에다가 그동안 모은 돈 합쳐서 한 채 더 사고 이렇게 10여 년 동안 집을 모았어요. 그게 나중에 헬리오시티가 됐어요. 말 그대로 티끌 모아 태산이 된 거죠."

"와… 저 지금 놀라서 입이 안 다물어져요. 그게 가능한 일이에요?"

"근데 공사장이 진짜 대단한 건, 부지런하고 신용이 좋아 돈도 많이 벌었지만 여전히 아끼고 아껴서 돈을 모으고 있다는 거야. 사치도 안 해. 돈 좀 모으면 금팔찌나 금반지 같은 것도 좀 사고 그러잖아. 근데 워낙 아껴 쓰며 살던 게 몸에 밴 습관이라서 그런가, 부자가 됐는데도 좀처럼 뭘 안 사."

"저는 맨날 집이랑 사무실만 오가니까 어디 알아봐주는 사람도 없어서 사치할 필요를 못 느끼죠. 그리고 이건 영업비밀인데요, 전략적으로 금붙이를 안 하기도 해요. 제가 주렁주렁 매달고 여기 앉아서 부동산 운영해봐요, 그러면 손님들이 저 부자인 줄 알고 중개료 깎아달라 할 거 아니에요. 애초부터 좀 없어 보이는 것도 괜찮아요."

"공사장에게 이렇게 깊은 뜻이! 나도 몰랐네. 사업 수완이 아주 타고난 사람이야."

"입장 바꿔서 생각해보면 답은 나오죠. 그리 대단한 것도 아닌데요, 뭘. 사실 여사님, 저 집에 금이랑 보석 있어요. 담에 살짝 한 번 보여드릴게요. 요즘 젊은 분들은 많이 배웠으니까 나보다 더 잘할 수 있을 거예요. 나는 배운 것도 없고, 애들도 키워야 해서 할 수 있는 일이 얼마 없었어요. 처음에는 좀 창피하기도 했는데, 새끼들 새 옷도 사주고, 치킨도 먹이고 하다 보니까 나 힘든 건 아무것도 아니더라고요. 그렇게 고되게 번 돈으로 아파트를 사서 돈을 벌어보니까 부동산이 체질에 맞는 것 같았어요. 애들 커가면서 손이 덜 가고, 채소 가게는 믿을 만한 직원이 잘해줘서 공인중개사 공부하고 자격증 따서 여기에 사무실 차린 거죠. 그게 벌써 30년 전이네요. 벌써 저도 60대예요."

"어머, 전혀 그렇게 안 보이세요. 50대라고 해도 믿겠어요."

"맞아. 공사장이 사회생활하는 사람이라서 관리를 잘했지."

"무슨 말씀이세요. 정여사님이야말로 그 연세로 안 보이세요."

"우리 너무 재미있다. 지윤씨 같은 30대 처자를 앞에 두고 늙은이들이 웃고 있지?"

"아니에요. 정말 진심으로 너무 젊어 보이세요."

"나이 들어서도 활력 있게 지내면 늙지 않나봐. 공사장만큼 부지런한 사람도 없을 거야. 수첩에 빼곡히 물건들이 정리돼 있는데 부동산 갈 때마다 항상 사람들이 많아. 공사장도 여기저기 부동산 많이 갖고 있잖아. 쉬어도 될 텐데 계속 일하는 것 봐."

"저도 요샌 힘에 부쳐요. 딸이 요즘 나와서 좀 도와줘서 좋죠. 우리 딸도 직장 다니다가 임신하고 공인중개사 공부 시작했잖아요. 얘는 대기업도 아니라서 월급이 많지도 않고, 작은 회사에서 단순한 업무만 자꾸 시키니까 애 적성에도 안 맞는 거 같아서 내가 같이 이 일 하자고 그랬어요."

공사장에게는 다 큰 아들과 딸이 있다. 어릴 때 자식들 고생시켰던 게 미안해서 늘 마음이 쓰였다. 애들 그 흔한 사교육도 마음껏 시켜주지 못했고, 장사하느라 밤낮이 바뀌어 애들끼리 밥 먹고 잠드는 날도 많았다. 특히 큰아들은 동생까지 돌보느라 일찍 철이 들어버린 것 같아 늘 미안했다. 그래서 더욱 이를 악물고 열심히 돈을 모아서 나중에 애들이 힘들 때 언제든 와서 쉴 수 있는 그늘이 되어주고자 했다.

바쁜 부모 대신 밥을 잘 차려줬던 큰아들은 어릴 적부터 요리에 관심이 많았다. 대학을 졸업하던 해 글로벌 금융위기가 터져 취업이 쉽지 않았다. 그러던 어느 날, 큰아들은 어머니께 도움을 요청했다. 성수동 핫플레이스 식당에서 3년만 일하고 오겠다는 것이었다. 거기서 식당 운영 시스템과 고객 응대 등 장사 노하우를 배워 올 테니, 그때 가게를 내달라고 말이다.

공사장은 기뻤다. 드디어 자신이 아들의 그늘이 되어줄 기회가 왔으니까. 살고 있는 건물 1층 사장님이 장사 안 된다고 면적 좀 줄이고 싶다 하셨는데, 아들이 거기서 시작하면 좋을 것 같아 당분간 공실로 비워두기로 했다. 그런데 아들은 1년 만에 성수동에서 나와 그곳에 작은 파스타 집을 차렸다. 이제 막 차려서 손익분기점만 간당간당 넘는다고 했다.

정여사가 공사장 손을 딱 잡으며 흔들었다.

"내 최고의 파트너! 나는 공사장 없었으면 건물 관리 하나도 못 해. 거기 전월세 다 빼준다고 생각해봐. 이 나이에 내가 그걸 어떻게 다 하겠어. 서비스는 또 얼마나 잘해주는데. 예전에 지인 손자가 방학 때 대치동 학원 다닐 거라고 단기 월세를 구해달랬거든. 쉽지 않은 부탁이었는데 공사장이 잘 구해줬었지. 그렇게 평생을 성실하게 일하고 힘들어도 웃으면서 살아가니까 복도 많이 받았잖아."

"제가 복을 많이 받았죠. 주변에서 다 도와주셔서 입에 풀칠하고 살아요. 그래서 저한테 관리 맡겨주시는 사장님들 시간 아껴드릴 수 있게 최선을 다하고 싶어요. 이제 우리 딸도 여기서 같이 일할 테니까 많이 도와주세요."

"나이가 들어서 좋은 건 사람의 말과 마음이 투명하게 보인다는 거야. 얕은 꾀로 사람을 속이려 드는 건 금방 들통나지. 내 눈이 매섭거든. 그런 측면에서 공사장은 최고야, 최고."

착하고 성실하다고 다 부자가 되는 건 아니지만, 많은 기회를 얻을 수 있는 건 사실이다. 공사장은 가락시장 상인들에게 버려진 배춧잎을 가져갈 수 있는 기회를 얻었고, 버스 정류장 근처 식당 사장님에게도 납품할 수 있는 기회를 얻었다. 현재 자신의 처지를 탓하기보다 적극적으로 작은 일부터 시작해봐야 한다. 처음부터 멋지고 근사한 일을 할 수는 없다. 하다 보면 다양한 길이 보이고 주변에서 도와주는 사람들이 나타나는 법이니까.

"요새는 영앤리치가 아니면 다들 실패한 인생이라 생각하는 게 문제야. 뭐가 그리 급해? 우리보다 더 오래 살 사람들이. 지금 2030세대는 90세 넘게 살 거라잖아. 그런데 인생 절반도 안 돼서 성공하면 그다음엔 심심해서 뭐하고 살아. 너무 빨리 부자가 되려고 하지 마. 아마 향후 20년간 부동산 하락을 두세 번은 만날 거야. 그때 잘 잡으면 부자 될 수 있어. 조급한 마음가짐으로 남들보다 빨리 가려고 무리하면 꼭 탈이 나."

"비교하지 말라고들 하지만 저도 마음이 급해져요."

"지금 너무 올랐으니까 조금만 기다려봐. 분명 꼬꾸라질 때가 올 거야. 반드시 오거든. 이번에 고를 집은 10년은 살아야 하는 집이잖아. 애 데리고 자꾸 이사 다니면 안 되니까. 그래서 초등학교 6학년 그다음에 중학교 3학년… 고등학교 때는 이사 가도 상관없으니까 최소한 10년은 안정된 주거지가 있으면 좋지!"

정여사가 부동산 사이클에 대해 언급하자, 공사장이 옆에서 거들었다.

"맞아요. 그래서 이 동네 초등학교와 중학교를 끼고 있는 아파트가 인기가 많아요. 진입 수요는 계속 있는데 나가는 수요는 적으니까요. 학군지처럼 빡세지도 않고 아이들도 순하고, 공부도 열심히 잘하거든요. 학원가도 요란하지 않을 정도로 다 있어요."

"지윤씨, 이 동네 잘 봤다가 이제 10년 동안 아이를 키울 집은 가능하면 사. 처음에 돈이 모자라면 다른 데 좀 저렴한 전세를 살면서라도 모아둔 돈으로 전세끼고 미리 사두면 좋아. 부동산은 내가 지금까지 봐왔지만 월급쟁이 소득에 비하면 항상 비쌌어. 비싸다는 걸 인정해야 집을 마련할 수 있어. 그렇게 시작을 해. 그리고 거기서 아이를 키우는 동안 대출을 갚고 좀 여유가 더 생기면 평수를 좀 큰 데로 옮길 수도 있겠지. 전세로 간다면 모를까, 처음부터 새 아파트 30평대에서 아이 키우기는 사실 힘들어. 부동산은 좀 더 긴 호흡으로 봐야 해. '초소형 신혼집 → 아들딸 학령기 갈아타기 → 노후 거주용 아파트 또는 자식 증여용 소형(재개발, 재건축) → 임대용 현금흐름', 이런 긴 호흡을 기준으로 삼아 다양한 아이디어를 짜보는 게 좋아."

"부자들은 자식들 집을 미리 사주는 케이스가 많거든요. 재개발이나 재건축용 매물을 쌀 때 사두죠. 아이가 10년, 20년 뒤에 결혼하고 이렇게 또 아이를 낳고 살아야 되잖아요. 그때 되면 이제 그 동네가 다 재개발되고 재건축돼서 또 천지개벽을 한단 말이에요. 그걸 미리 계산에 넣어놓고 부동산 플랜을 짜드린답니다."

"아, 거기까지는 생각도 못 해봤어요."

"당연히 생각을 못 하겠지. 이제 막 부동산에 입문하는 중인데. 이런 얘기는 누가 해주겠어, 우리나 해주지. 호호호."

"맞아요. 여유 있는 사람들은 자식 공부시키고, 하고 싶은 거 하고 살 수 있게 해주려고 든든한 뒷배경이 돼주죠. 지금이라도 알았으니 찬찬히 준비해봐요. 그나저나 지윤씨는 어떻게 이 동네로 이사 왔어요?"

"근처에 친정과 시댁이 다 있어요. 옆 동네에서 쭉 자랐거든요. 그런데 이 동네가 회사로 가는 지하철이 바로 있어서 출퇴근이 편하거든요. 그래서 신혼집을 여기 얻었어요. 사실 저기 신축 전세를 살고 싶었는데요, 전세금이 모자라서 못 갔죠. 전세자금대출까지 받아서 뭘 전세를 사냐는 생각이 들어서요. 빨리 돈 모아서 전세 끝내야죠."

"신축 전세대출 안 받은 것에 점수 준다. 역시 지윤씨 현명해. 요즘 사람들 신축 아파트 살려고 빚내서 전세 살던데 그거 다 허세거든. 똑같이 벌어도 누구는 돈을 쌓아가며 사는데, 누구는 구멍 난 곳부터 메꾸면서 살아야 하잖아. 예전에는 전세자금대출이 없어서 각자 형편에 맞는 집에 전세를 살았어야 했어. 지금은 기본 옵션으로 전세대출을 끼고 전세를 살더라고. 출발점은 같더라도 나중에 그 차이가 심하게 벌어지겠지?"

"사실 결혼 전에 전셋집 때문에 많이 싸웠어요. 친구들 신혼집은 정말 좋았거든요. 저만 누추해 보일까봐 주눅 들더라고요. 인스타에도 예쁜 신혼집 올리고 싶었는데…."

"정말 쓸데없는 싸움을 했네. 누구한테 잘 보이는 게 중요한 게 아니라 내 집 한 칸 있는 게 더 실속 있는 거야. 젊어서는 불편해도 잘 참을 수 있잖아. 그럴 때 부자 동네에 몸을 웅크리고 들어가 자리를 잡아야 하지. 용의 꼬리가 되라는 말도 있잖아. 뱀의

머리가 되겠다고 지기 이디 먼 데 신축 아파트 살면 안 돼. 하루를 살더라도 부자 옆에 가서 살아야 해. 부자 동네에서만 배울 수 있는 것들이 있어."

"뭔데요? 부자 동네에 살면 어떤 걸 배울 수 있나요?"

"첫째, 부자의 행동 방식을 배울 수 있어. 집 근처 식당을 가거나 물건을 사러 갈 때에 오가다가 만나는 사람들에게서 애티튜드를 배울 수 있어. 가난에 찌들어 하루하루 살아가는 사람들은 행색도 초라하지만 사고방식이 부정적이야. 지나가다가 대화를 듣더라도 불행한 기운이 전달되지. 영어도 처음 배울 때 아기들 듣기부터 시키잖아. 부자들의 대화를 들어두는 게 좋아. 노동 소득만 생각하는 사람들, 특히 언제든 대체 가능한 노동으로 소득을 창출하는 사람은 반쪽짜리 사고방식을 가지고 살아가지. 그런 사고에서 벗어나는 게 먼저야. 반면에 부자는 대개 확장적 사고를 하거든. 시간 낭비하지 말고 그런 사람들을 자주 만나보면 좋아."

"둘째, 지하철과 도로 등 교통 편의가 좋아. 강남, 분당이 왜 교통이 좋은 거 같아? 부자들이 살기 때문이야. 세금을 많이 내서 지자체가 힘이 있기도 하지만 기본적으로 정책을 결정하는 결정권자들이 거기 많이 살고 있어. 과천도 마찬가지야. 공무원들이 많이 사니까 그 동네에는 쾌적한 공원이 많고 유해시설은 하나도 없잖아. 당연히 본인들 집 앞에다가 좋은 건 다 갖다놓겠지? 그건 인간의 본능이야. 그 사람들이 대중교통을 이용하지는 않겠지만, 자식들은 학교 다니고 직장 다녀야 하니까 지하철 끌어와야겠지. 정부에서 정책적으로 누르지 않는 한 부자 동네는 계속 발전할 수밖에 없어."

"셋째, 부자 동네가 비싸면 자식들에게 집 사주는 동네를 따라가는 것도 전략이지. 부자가 가장 많이 하는 고민 중 하나는 세금이야. 어떻게 하면 합법적으로 내 자식에게 많은 돈을 물려주느냐지. 심지어 절세를 위해 대를 건너 손자에게 바로 증여하기도 해. 사실 나도 자식과 손주들한테 일찌감치 아파트 하나씩 증여해줬어. 자고 일어나면 아파트 가격이 급등하던 시절이 있었거든. 전세 끼고 아파트를 하나둘씩 모았더니 어느새 다(多)채로운 아파트를 보유하게 됐지. 증여는 빠를수록 좋다고 하지 않았던가. 한동안 아파트 미분양 사태가 일어나고 하우스푸어가 집을 급매로 던지면서 집값이 하락하던 시기가 있었어. 증여하고자 하는 부동산의 '시가'가 하락하면 세금도 낮아지기 때문에 이런 기회를 놓치지 않고 증여를 추진하지. 참! 늙어서도 자식을 곁에 두고 싶다는 욕심으로 자신이 사는 곳 가까운 데를 미리 사둔다는 것도 참고해. 예를 들어 반포·압구정·청담은 한강 건너 이촌·금호·옥수·성수 쪽에 투자하고, 여의도는 마포·공덕, 목동은 마곡,

성북동·평창동은 신촌·서대문·아현 쪽에 투자하는 거지. 동남쪽에 대치·삼성·역삼은 잠실·분당·판교에 투자했었고, 그다음 세대가 지금 위례·개포·성남으로 투자를 이어가고 있지."

"넷째, 양극화가 심해질수록 부자 동네가 살아남아. 부자 동네 가게는 잘 안 망해. 부자들이 경기 침체에도 지갑을 잘 닫지 않거든. 오히려 자식들이 찾아왔을 때 뭐라도 더 사주기 위해 주변 상가에서 더 사기도 하지. 그러니 상권이 쉽게 무너지지 않아. 장사를 할 생각이면 부자 동네에서 하는 게 좋겠지. 상권이 유지되면 떠나는 사람들이 없기 때문에 집값도 크게 하락하지 않기도 하고."

"다섯째, 우리나라는 뭐라고 해도 공부야. 부자들은 자식이 좋은 대학에 가는 것을 인생의 성적표라 생각하지는 않아. 그럼에도 공부를 계속 시켜. 고난을 극복하고 논리적인 사고를 키우며 사람들과 소통하는 연습이 필요하기 때문이지. 별 고민 없이 엉덩이 들썩대며 10대를 보낸다면 그 아이가 커서 깊은 사고가 가능할까? 건전하게 사람들과 소통하고 도전하고 성취하는 삶을 살 수 있을까? 그래서 부자들이 사는 동네는 학구열이 강하고, 다시 학군지가 되어 집값이 오르는 선순환 구조가 생겨나는 거지. 만약 학군지에 집을 사두면 아이가 큰 뒤 그 동네를 떠나더라도 월세를 줄 수 있어 노년의 임대소득이 되기도 해."

"와! 오늘 갑자기 인생 특강, 부동산 특강을 들었어요. 이렇게 좋은 말씀을 공짜로 들어도 되나 모르겠어요."

"왜 공짜예요? 나 지금 고객 유치한 건데요?"

"나는 옆에서 바람잡이 한 거야. 지윤씨 몰랐어?"

정여사와 공사장은 주거니 받거니 쿵짝이 잘 맞았다. 지윤은 이런 아낌없는 노하우 방출에 또 한 번 감사하는 마음을 가지며 잘 살아봐야겠다는 의지를 다졌다.

"고객으로 유치되어 영광입니다. 저도 반드시 내집 마련 성공하겠습니다!"

"나중에 시간 날 때 놀러와요. 내가 동네에 전세 끼고 매물 괜찮은 것들 몇 개 좀 보여줄게요. 지금 자금이 모자라도 시세를 알고 있으면 자금 맞추려고 준비할 수 있으니까 도움될 거예요."

"그래주시면 너무 감사하죠."

"공인중개사도 잘 만나야 해요. 몇 달 전에 이 동네 사는 어떤 신혼부부가 찾아온 적이 있어요. 경기도 어디 두 동짜리 아파트가 리모델링하면 얼마까지 오른다는데 사도 되냐고 상의하러 왔다더라고요. 어떻게 가본 적도 없는 부동산을 살 생각을 하냐고 물었더니, 부동산 강의에서 만난 강사분이 찍어준 곳이라고 해서 가봤다 하더랍니다. 리모델링 방법과 주민 동의율, 분담금 등 사업성을 모두 따져봐도 리모델링이 성공할까 말까 하는데, 해당 아파트는 그저 허허벌판에 지은 지 15년째 된 아파트였을 뿐이었답니다. 이런 건 백이면 백, 업자들이 작업해둔 매물들이에요. 잘 모르면 충분히 속죠. 사실 더 나쁜 사기들이 많아서 이런 건 사기 축에도 못 끼는 얘기죠. 부동산 강사한테 따질 수도 없잖아요. 분명 그 사람은 '그 아파트 언젠가는 리모델링될 거다' 그렇게 말할 테니까요."

정여사가 한마디 거든다. 처음 부동산에 접근하는 사람일수록 속기도 쉽기 때문이다.

"세상 제일 야비한 게 돈이야. 돈에 관해서는 의심에 의심을 거듭해야 해. 사기를 잘 피하는 게 오히려 남는 거야."

"큰돈 들어가는 일인데 사기당하면 정말 일어나기 힘들 것 같아요. 요즘 경제 기사에서 전세 사기 사건도 많이 나오던데 무섭더라고요."

정여사는 부동산 투자에서 명심해야 할 포인트는 꼭 짚어주면 좋을 것 같아 거듭 말했다.

"부동산으로 거래를 자주 하기는 힘들어. 그래도 관심을 가지고 계속 공부해야지. 지루한 시간이 끝도 없이 계속되다가 원하는 가격선에 접근하는 순간 용기를 내는 것이 바로 부동산 투자의 속성이거든. 부동산은 주식보다 사이클이 길고 큰 의사결정이 필요하지. 게다가 주택은 양도세 생각하면 최소 2년은 버텨야 하고, 부대비용이 많이 들어가니까 쉽게 사고팔기 어려워. 인내심이 필요한 투자법이라고나 할까. 나 같은 사람은 경기 사이클을 기다렸다가 또는 원하는 사이즈의 매물이 나올 때를 기다렸다가 사. 사실 살까 말까 망설였던 것 중에서 안 사고 후회한 것도 더러 있었어. 나라고 완벽할 수는 없지."

"그런데 부동산 카페를 보면요. 지방의 부동산까지 여러 개를 사고팔고, 경매도 하고 분양도 공부하라고 그러거든요. 사실 너무 복잡하기도 하고 그 정도로 열정을 가지고 투자할 자신도 없어요. 부동산 투자를 꼭 그렇게 해야 하나요?"

"소액으로 여러 번 사고팔고를 반복하는 건 그게 직업인 사람들 일이야. 직장 다니면서 어떻게 그걸 다 해. 그걸 다 관리하러 다닐 체력이나 시간이 있어? 잘 모르는 동네는 투자하는 게 아냐. 부동산 들어갈 때는 절대 떼로 몰려다니지 말고, 물건 보러 들어갈 때는 최대한 있어 보이게, 전세나 월세 구하러 들어갈 때는 최대한 없어 보이는 것도 방법이야. 그래야 중개사분들이 거래 성사될 만한 좋은 물건만 보여주고 가격 네고(Nego)도 용이하니까. 안 그런가, 공사장?"

"여사님 말씀이 백 번 천 번 맞지요. 여러 명이서 우르르 부동산 문을 열고 들어오면 사실 겁나요. 시간을 또 얼마나 뺏길까 싶거든요. 그 사람들은 이 동네에 대한 전체적인 브리핑을 해달라고 하는 사람들이라서요. 그래서 거래가 되면 좋지만, 열심히 받아 적고 그냥 가요. 여러 번 겪었더니 정작 집 구하러 오는 사람들을 옆 부동산에 뺏길 때가 많았죠."

그때 정여사 핸드폰에 진동이 온다. 손자가 집에 왔다고 할머니를 찾는 전화였다.

"우리 손자가 할미랑 저녁 먹자고 들렀나보네. 독거노인과 독거청년이 밥이나 먹어야지. 다음에 또 봐요."

나이가 들면 자랑하는 게 딱히 없다. 돈 많은 것, 자식 잘나가는 것 자랑해봤자 귀 기울여 들어줄 사람 만무하다. 유일하게 자랑하고픈 것은 내 자식이, 내 핏줄이 나를 찾는다는 것이다. 바쁜 애가 시간을 빼서 나를 만나러 왔다, 바쁜데도 잊지 않고 나한테 안부 전화를 한다, 이런 건 어른들 사이에서 최고로 자랑할 수 있는 이벤트다. 내가 이만큼 사랑받는 존재라는 걸 알려줄 수 있으니까.

정여사는 서둘러 자리에서 일어나 문을 열고 나갔다. 지윤도 자리에서 일어나며 테이블 위에 있던 종이컵들을 치우기 시작했다.

"거기 둬요. 내가 치울게요. 지난번에 대기업 들어갔다고 하더니 그 손주가 왔나보네."

"다 치웠어요. 어르신한테 그렇게 나이 많은 손자가 있어요?"

"그럼요. 첫째 딸한테 하나밖에 없는 아들인데 얼마 전에 이 동네로 이사 왔어요. 그래서 할머니 자주 보러 오는 거 같네."

"그렇구나. 할머니 손자분도 근처에 계시는구나. 차 잘 마셨습니다. 오늘 귀한 정보 너무 감사드려요. 제가 조만간 다시 들를게요. 이제 그만 들어가보겠습니다."

"잘 가요."

정여사가 현관문을 열고 들어오자 손자가 주방에서 빼꼼 얼굴을 내민다.

"할머니, 어디 갔었어? 내가 할머니 좋아하는 아구찜 포장해왔는데."

"그냥 오지. 집에 밥이랑 다 있는데."

"할머니 피곤하잖아. 그리고 여기 반찬 맛있다고 맨날 얘기했으면서. 어서 앉아. 내가 다 차렸어. 비록 다 사온 거지만. 할머니, 맛있게 드세요."

"그래, 따뜻할 때 어서 먹자. 우리 손자 회사생활은 어떻니? 재미있어?"

"재미있어. 일을 처음 배우는 단계이고 아직 1년밖에 안 돼서 많이 배워야 하니까 좀 바쁘기도 해. 사수가 있었는데 지금은 육아휴직 들어가셔서 여기저기 동냥젖 얻어먹듯이 물어보고 다니면서 살아. 그래서 오히려 강하게 크고 있다는 생각도 들고, 사내에서 많은 사람들을 만나볼 수 있다는 점도 좋은 것 같아."

정여사 손자는 할머니에게 말을 놓고 지냈다. 일하는 엄마 대신 자신을 키워준 할머니가 편해서 이렇게 된 것이다. 철이 들고 존댓말로 바꾸려고 했지만, 그때는 할머니가 싫어했다. 나한테 반말해주는 사람 없다고. 이렇게 친한 우리 둘 사이에 존댓말은 어색하다고 그러시면서 말이다. 그래서 서른을 바라보는 다 큰 손자가 칠순을 훌쩍 넘긴 할머니와 반말로 대화한다. 이 그림이 영 어색하지는 않다. 마치 꼬마와 할머니가 대화하는 것만 같다.

"응. 그래. 문제는 언제든지 닥칠 수 있으니까. 이렇게 극복하기 위해 방법을 찾는 것도 좋은 경험이야. 오히려 젊은 나이에 빨리 일을 배우면 더 좋을 수 있지."

"할머니도 직장생활 해보셨댔죠?"

"나도 해봤지. 월급도 받아봤고. 내 손으로 돈을 벌어봐야 돈 귀한 줄 안단다."

"나도 돈 좀 알지. 할머니가 어릴 적에 나 데리고 부동산도 다니시고 또 증권사도 다니셔서 이리저리 어깨 너머로 배웠던 게 많았던 것 같아. 그리고 우리 집안은 다 모이면 엄마 아빠랑 고모랑 큰아빠랑 이런 재테크에 대한 얘기를 많이 하곤 했잖아. 그렇게 자연스럽게 집안에서 돈과 경제에 대해 배웠던 게 은근 도움이 많이 돼. 근데 회사에서는 그런 얘기를 꺼내는 사람들을 거의 본 적이 없어."

"회사에서는 돈 관련 얘기는 꺼내지 않는 게 좋아. 네가 그렇게 재테크를 한다는 걸 알면 사람들이 질투하거든. 그러면 또 밥 사달라고 하겠지. 하지만 그렇게 한다고 해서 질투의 마음이 사라지지는 않아. 가진 게 많을수록 숨겨야 하는 거야. 그러니까 최대한 얘기하지 않고 그냥 조용히 하는 게 가장 좋겠지."

"맞아. 그런 것 같아. 그래서 아무한테도 할머니가 집 물려주셨다는 얘기 안 했지. 사랑해, 할머니."

"요 녀석 봐라. 지금 너 살고 있는 아파트 지금 산다고 생각해 봐. 얼마나 비싸니. 내가 그걸 어떻게 싸게 산 줄 알아?"

"매도인한테 깎아달라고 졸랐어?"

"땡이다, 이놈아. 좋은 물건을 싸게 사는 방법은 '시간'을 사는 방법뿐이야. 통화량과 아파트값은 긴 안목에서 보자면 늘 정비례였거든. 그러니 미래에 필요한 아파트를 미리 사두는 방법밖에 없었어."

"근데 할머니 예전부터 궁금했는데요, 왜 통화량이 늘면 아파트값이 상승하는 거야?"

"그건 말이야, 지금은 금본위제가 아니라 화폐제도이기 때문이야. 경제가 성장함에 따라 지속해서 화폐를 찍어내기 때문에 자연스럽게 인플레이션은 발생할 수밖에 없지. 투자자들의 수요에 따라 하락장과 상승장은 있지만 결국은 현금가치 하락을 방어하기 위해서는 부동산을 사려는 수요가 지속해서 생겨나거든. 수요가 있는 곳의 가격이 오른다는 기본적인 경제학 원리가 부동산에도 적용되는 거야."

"그렇다면 할머니, 어떻게 수요가 늘어날지 파악할 수 있어? 그냥 감으로 하는 건 아닐 거 같은데…."

"인구 관점에서 부동산 수요를 확인할 수 있어. 가장 쉽게 눈으로 확인할 수 있는 것 중 하나가 대형 학원 입점이야. 대형 학원은 최소 10년은 버틸 수 있는 곳에 오픈하거든. 그러니 과밀학급 우려가 있는 동네에 자연스럽게 학원을 오픈해. 학원가가 형성되며 다른 편의 시설들이 들어오게 마련이지. 뭐 어떤 게 있을까?"

"애들 학원 근처니까 문구점, 떡볶이집, 오락실, 만화카페 이런 거 아닐까?"

"맞아. 그런데 애들 주변에는 항상 부모가 맴돌지. 어린 아이들은 부모가 데리러 오고 가야 하잖아. 애들 학원 데리러 오고 가며 들르는 카페, 식당, 병원, 약국이 있겠지. 요즘은 엄마들을 위한 마사지숍이나 옷가게도 많이 들어설 거야."

"생활 인프라가 완성되면 신혼부부들이 이사를 올 것이고, 출퇴근 인구가 늘면 역세권 중심으로 상업지구도 발달하는 수순이겠네요?"

"잘 알아듣네. 주변을 유심히 관찰해봐. 어린이집이 문을 닫는 동네가 있는 반면에 학원가가 들어오는 동네도 있을 거야. 그나저나 증여세 낼 돈은 잘 모으고 있어? 너 월급 꼬박꼬박 넣어야 세금 분할 납부 끝낼 수 있잖아."

"그럼요. 내가 누구 손자인데. 할머니한테 배웠던 것들 잘 써먹고 있지. 부동산은 할머니 덕분에 쉽게 첫 단추는 끼었으니까, 지금 월급은 금융 투자로 불리고 있어. 금융 투자가 나한테 잘 맞는 것 같기도 하고. 금융은 흐트러뜨리기도 좋고, 뭉치기도 좋잖아. 채권이나 예금은 안정적으로 이자수익을 주고, 주식이나 ETF는 높은 수익을 기대할 수 있고. 그래서 적절히 잘 섞어서 투자하고 있어."

"잘하고 있구나. 주식은 여전히 어려워. 그래서 '기업'에 투자한다기보다 '시간'에 투자한다는 마음으로 해야 하는 거 알지? 나도 나이가 들어갈수록 건물 관리도 힘들어지니까 배당주랑 달러 비율을 더 늘리려는 생각 중이야. 젊었을 때는 현금 갖고 있기 무섭게 부동산에 투자했었는데, 이제 만사가 귀찮다."

"아직 할머니 정정하시면서 왜 그래? 할머니 말씀대로 나도 기업을 보며 투자하고 있어. 요즘은 인공지능(AI)산업 성장성이 아주 높아서 그쪽에 투자를 늘렸지."

"쉬워 보이지만 투자를 지속하려면 시간과 노력이 많이 필요하지. 먹고살기도 벅찬데 매일 투자시장만 돌아다닌다면 너무 지치거든. 그러니까 마음 관리도 잘해."

"네, 할머니. 저 마음 관리차 이번에 남해 쪽으로 여행 다녀왔어."

"그래, 어디로 다녀왔어?"

"통영. 정말 통영은 멋진 곳이야. 바다를 보면서 배도 타고, 해산물도 먹고, 문화재도 구경하고. 할머니랑 어렸을 때 갔던 곳도 다시 가봤어. 할머니와의 추억을 떠올렸더니 더 감동적이었어."

"맞아. 너 초등학교 입학하기 전에 다같이 통영 여행 간 적이 있었지. 그걸 다 기억하는구나."

"그럼. 내가 얼마나 기억력이 좋은데. 그리고 할머니가 알려주신 현지 거래트기 해봤어. 통영 시장에 갔다가 괜찮은 멸치상을 찾았거든. 여기 할머니 선물."

"고맙다. 멸치가 빛깔이 참 좋구나. 통영 지역특산물이 멸치지. 아무렇게나 고른 건 아니지? 그냥 물건 값만 물어보고 사지 말고, 이것저것 귀찮게도 해보고 다른 가게랑 비교도 해보면서 사장님 내공을 파악한 거야?"

"당연하지! 내가 얼마나 꼼꼼하게 물어보고 샀는데. 많이 사기도 했어. 여기저기 선물로 드리기도 할 겸."

"잘했네. 사람이 베풀 줄도 알아야 해."

"할머니, 나 이번에 TV도 샀어. 엄마가 미국 들어갈 때 가전제품 다 들고 가시는 바람에 되게 썰렁하게 살고 있었잖아. 냉장고와 세탁기는 급한 대로 장만했지만, TV는 살까 말까 계속 망설였거든."

"TV 없으면 집 안이 너무 조용하잖아. 잘 샀어. 어떤 거 샀니?"

"이것도 물론 할머니께 배운 대로 했어. 신상품은 연구개발비와 마케팅비를 초반 매출로 회수하길 바라서 가격이 비싸고, 시간이 좀 지난 제품은 성능 면에서는 차이가 덜하지만 가격차는 확 난다고 했잖아. 그래서 신상품 권하는 판매원에게 할인 많이 해주는 걸로 추천해달라 해서 샀어. 잘했지?"

"맞아. 남들한테 자랑하는 성격 아니라면 굳이 그 많은 유행을 따라다닐 필요가 있을까 싶다. 다음 신상이 나오면 또 사야 해서 마음이 다급해질 거잖아. 그러면 돈 못 모아."

식사를 마치고 손자는 집으로 돌아갈 준비를 하기 시작했다. 현관문 앞까지 배웅 나온 정여사를 향해 손자는,

"할머니, 나 없어도 밥 잘 챙겨 먹고, 건강 잘 챙겨야 해."

"요 녀석 봐라. 어디 멀리 가냐? 엎어지면 코 닿을 데 사는 녀석이 왜 이래?"

"가까이 있어도 할머니 건강은 늘 걱정된단 말이야."

이렇게 다정다감한 손자가 또 있을까. 정여사가 가장 아끼고 사랑하는 첫 손자가 근처에 있다는 것만으로도 행복감이 상승했다.

"나이가 들면 기계가 노후화되는 것처럼 여기저기 아프고 피곤하지. 하지만 괜찮아. 나는 조금씩 먹고 조금씩 움직이면서 몸을 아껴 쓰고 있으니까. 너는 운동도 하고, 잠도 충분히 자고 있

는 거시?"

정여사는 좀 말라 보이는 손자를 보며 걱정스럽게 물었다.

"네, 할머니. 건강하게 먹으면서 살고 있어. 운동도 가끔 하고, 잠도 잘 자고."

손자는 거짓말을 했다. 사실 바쁜 일상에 치여서 운동도 잘 안하고, 잠도 부족했다.

"그래? 거짓말하는 것 같은데? 지난번에 봤을 때보다 얼굴이 안됐어."

정여사는 걱정스러워 손자의 팔을 쓰다듬으며 말했다.

"할머니한테 거짓말을 못 하겠네. 사실 좀 바쁘긴 했어."

손자는 할머니를 걱정시켜드리고 싶지 않아 거짓말을 했지만, 이내 곧 들켰다는 생각에 부끄럽게 말했다.

"얘야. 건강이 제일 중요하다. 아무리 돈을 많이 벌고, 명예와 지위를 얻는다고 해도 건강이 없으면 다 소용없어. 건강한 몸에서 건강한 생각이 나오는 거 몰라? 생각이 건강해야 자신이 세상에서 하나뿐인 소중한 존재임을 알고 더 귀하게 여길 수 있어. 너는 아직 젊은데, 이제부터 건강 관리를 잘해야 해. 나중에 후회하지 않도록 말이야."

"알았어. 이제 운동 열심히 할게. 당장 사내 피트니스부터 끊어야겠다."

"정 바쁘면 퇴근하고 동네에서 걷기라도 해. 내가 잘 알고 지내는 동네 친구는 아까 저녁에도 공원 가서 걷고 오더라. 맑은 공기도 마시고 운동도 하고 얼마나 좋니?"

"할머니, 염려 마. 지금부터 힘차게 걸어서 집으로 갈게. 잘 자."

지윤의 일기

사실 이 아파트에 이사 온 후 상가 건물의 여러 상점을 다녔지만, 그간 한 번도 들른 적이 없었던 곳이 부동산이었다. 집을 살 정도의 목돈도 없었고, 좋은 집주인 만나 전세는 계속 갱신했으니 말이다.

가끔 부동산 앞에 나와서 화분에 물 주던 그분이 자수성가의 대명사였다는 것을 오늘 알게 되면서 세상은 넓고 본받을 사람은 많다는 걸 깨달았다. 공사장님은 어려운 환경을 탓하지 않으셨고, 오히려 세상이 자기에게 준 기회들에 감사하며 노력하신 분이셨다. 또한 자기를 믿어주는 분들에게 도움이 되고자 노력하는 공인중개사셨고, 자식들을 잘 키우기 위해 더 노력한 어머니셨다.

공사장님 애기를 들으며 어려운 환경 속에서도 포기하지 않고 노력하면 꿈을 이룰 수 있다는 것을 깨달았다. 또한 주변 사람들에게 감사하는 마음을 갖는 게 얼마나 중요한지도 배울 수 있었다. 다음에 다시 들러 부동산 조언을 좀 더 구해야겠다. 부자 할머니 덕분에 새롭게 알게 된 연결고리마저도 소중하다.

그리고 무려 만보를 걸어내어 체력 관리에도 성공했다는 것이 기쁘다. 꾸준한 체력 관리는 건강한 삶을 유지하는 데 큰 역할을 하지. 지윤아, 자주자주 좀 걷자.

5

나의 돈 많은 동창생들

가을바람이 선선한 어느 날, 아침부터 지윤이 분주했다. 별이를 어린이집에 데려다주고 빛의 속도로 집으로 뛰어와 안방 옷장을 열었다. 발끝을 껑충 들고 팔을 뻗어 행거를 하나씩 꺼내 침대 위에 켜켜이 쌓았다. 누가 보면 흡사 짐 싸서 도망가는 사람인 줄 알겠다. 대여섯 벌의 옷을 꺼내고서야 옷장 문을 닫고 전신 거울 앞에 섰다.

지금부터는 패션쇼 타임. 지윤은 하나씩 행거 고리를 들어 턱앞에 갖다 대어봤다. 제일 먼저 고른 건 원피스였다. 머스터드 컬러에 플리츠 주름이 가지런히 잡힌 치마가 하늘하늘했다.

"이건 너무 나이 들어 보이지."

혼잣말을 중얼거리며 내려놓고, 두 번째는 검정색 재킷과 바지를 들었다. 흰색 셔츠까지 행거 안쪽에 걸어서 턱밑에 갖다 대어봤다.

"아냐 아냐. 좋기는 한데, 직장인 전투복 같아."

청바지와 민트색 셔츠를 바라보며,

"이건 또 너무 캐주얼해서 안 되겠다."

칼라가 없는 감색 롱재킷에 보타이를 길게 늘어뜨린 흰색 실크 블라우스를 매칭해봤다.

"이건 너무 노블하다. 진짜 입을 옷이 없네."

이번엔 흰색 셔닐사로 된 쇼트 재킷에 블랙 팬츠를 코디해봤다. 갑자기 고개를 들고 벽에 걸린 시계를 바라봤다. 30분밖에 안 남았다. 어서 코디를 결정해야 했다.

"이건 좀 봐줄 만하네. 이너는 뭘 입을까나?"

paris라는 로고가 새겨진 흰색 라운드 티가 눈에 들어왔다.

"오케이. 오늘은 너로 결정했어."

오랜만에 결혼기념일 선물로 받은 진주 귀걸이도 하고, 반지랑 시계도 찼다. 뭔가 반짝이는 쇠붙이들이 지윤의 자신감을 업시켜 주는 기분이었다. 머리에 세팅을 말고, 안 하던 화장을 꼼꼼히 하기 시작했다. 지윤은 동네 엄마들을 따라가서 속눈썹펌 해두길 잘했다 생각했다. 마스카라만 슥슥 발라주면 되니까 이렇게 간편할 수가 없다.

"지윤아, 여기야."

창가 쪽 테이블에서 친구들이 손짓한다.

'다들 바쁜 아침에 어쩜 저렇게 예쁘게 꾸미고 나왔을까. 정말 백조들이다. 발은 엄청 열심히 헤엄치면서 물 위에 우아하게 떠 있는 백조들.'

매년 9월 셋째 주 화요일은 지윤의 대학 동창 모임날이다. 미리 날짜를 정해두고 만나니까 빠지는 사람 없이 언제나 완전체 결성이다. 육아라는 생활 속 전쟁과 일터에서의 총성 없는 전쟁 속에서 1년에 한 번 수다 떨 수 있는 날.

이들은 항상 과천 어느 숲속 브런치 식당에서 만난다. 여기는 사계절 내내 예쁜 정원을 가지고 있고, 화덕 피자와 신선한 샐러드가 일품인 곳이다. 게다가 직접 밭에서 키운 허브로 만든 허브 티는 대체 불가한 이 집만의 시그니처다. 날씨가 좋으면 영국 귀족 정원 모임처럼 품격 있고 프라이빗한 식사도 가능한 곳이기도 하다.

지윤은 대학에서 영문학을 전공했다. 오늘 모인 친구들은 모두 같은 과 동창들이다. 어느덧 졸업한 지 10년. 20대 초반에 같은 꿈을 꾸고 같은 수입을 들었지만, 지금은 각자 다른 삶을 살고 있다. 한 명은 카페 사장님, 지윤을 포함해 두 명은 직장인, 그리고 나머지 한 명은 전업 주부였다. 그냥 전업 주부가 아니라 부잣집 며느리가 명함인 전업 주부.

이들 중 가장 똑똑했던 소연은 지금 프랜차이즈 카페 사장이다. 그녀는 학교 다닐 때 알바하면서도 장학금을 놓치지 않았을 정도로 열심히 살았다.

"얘들아, 나 대학 때 알바하면서 세상을 배웠잖아. 그 카페 기억나? '샤갈의 눈 내리는 마을'. 그 카페 사장이 당시에 30대였어. 대학도 안 나왔는데 부모님이 차려주신 카페가 그 사람 소득원이었지. 가끔 와서 정산만 확인하고 거의 놀러 다니더라고. 매니저가 일은 다 했고, 나 같은 알바들이 기계처럼 돌아갔어. 그때 자본가의 삶에 꽂혔지 뭐냐."

"그래서 너 지금 카페 하는 거야?"

"그렇지. 내 꿈은 오토로 돌리는 카페 세 개 만들고 노는 거야."

"선녀와 나무꾼에 나오는 선녀야? 애 셋처럼 카페 세 개 차리고 날개옷 입고 날아다니겠다는 거잖아?"

"말이 그렇게 되나?"

소연이 처음부터 카페를 차렸던 건 아니다. 졸업하고 외국계 회사에서 오래 일을 했지만, 3년 전 육아 문제로 한창 고민일 때 회사에서 희망퇴직을 받았다. 그렇게 자의 반 타의 반으로 회사를 떠났다. 그때 받았던 퇴직금과 위로금이 프랜차이즈 커피 전문점 창업 밑천이 됐다. 오픈 초에는 알바를 못 구해 고생을 많이 했지만, 코로나19 기간 동안 배달 매출이 늘어 숨통이 트였다. 이제는 알바만으로도 매장 운영이 가능하다고 했다. 비로소 소연은 자유로운 시간 활용이 가능한 카페 경영자가 된 것이다.

아직 직장인 신분인 지윤은 과감하게 퇴사를 선택한 소연을 내심 부러워했다.

"소연아, 넌 마약 같은 월급에서 벗어났구나. 정말 용기 있어!"

그래도 소연은 장사가 체질이었기 때문에 창업도 가능했다. 20대 초반 우리는 여행을 함께 다녔는데, 갈 때마다 소연은 그곳에서 가장 유명하고 오래된 식당을 가자고 했다. 다들 줄 서기 귀찮다고 그냥 아무 데나 들어가자 해도 그녀는 단호했다. 단체 관광객들은 어디서 오는지, 주방에는 몇 명이 일하는지, 테이블 수는 몇 개이고, 테이블당 단가는 얼마이며, 영업이익은 얼마나 되는지 항상 계산을 했다. 그리고 수첩에 먹은 메뉴와 맛을 평가했다.

"별 몇 개짜리냐?"

"별 두 개."

친구들은 이렇게 그녀의 맛수첩 평가단의 일원으로 전국을 다녔다. 소연은 이렇게 십여 년간 누적된 맛집 데이터로 '연슐랭 가

이드'라는 자신만의 책자를 만들었다. 급기아 매년 발행을 하더니 연초에 지인들에게 선물로 나눠주기 시작했다. 그래서 회사 상사들은 소연을 무척이나 예뻐했다. 중요하게 접대해야 할 미팅에서 연슐랭 가이드는 빛을 발했으니까.

일을 잘하는 것도 중요하지만 조직에서는 꼭 필요한 자기만의 무기가 있어야 한다는 것을 소연을 보면 알 수가 있다. 친구들 역시 중요한 행사가 있거나 새로운 지역을 방문할 때는 어김없이 연슐랭 가이드를 활용했다.

"현진아, 교수님은 여전하시냐? 요즘도 일 많이 시키셔?"

"늘 한결 같으시지. 이제는 그냥 시어머니다 생각하고 살아."

"결혼도 안 한 애가 시집살이를 하고 있었구나. 그래서 시집 안 가는 거 아니야?"

"현진이 너 학교 다닐 때 그렇게 열심히 과활동 하더니 학교에 결국 눌러앉을 줄 누가 알았겠냐. 그때 교수님이 콱 도장 찍어둔 거지."

"그러게 말이야. 나도 사기업에 취직하고 돈도 벌고 싶었어. 근데 세상이 내 맘대로 되는 게 아니잖아. 학교에서 공부하면서 강의 하나씩 하다 보니까 여기까지 왔고, 또 이게 내 적성인가 싶기도 했어. 그렇게 나한테 묻고 답하다 보니까 10년이 흘렀어."

현진은 천생 여자였다. 이렇게 부드러운 아이가 있을까. 학교 다닐 때도 교수님들 말씀 잘 듣고 친구들 잘 챙기면서 교회 활동도 열심히 했다. 일찍이 교수님한테 발목 잡히지만 않았다면 어디 대기업 사장 비서 하고 있었을 거라고 우린 늘 이야기했다.

현진에게는 천생 여자 말고 진짜 별명이 따로 있다. 복부인. 그녀는 이들 중에서 유일하게 자수성가 부동산 투자자였다. 현진은 당최 자랑이라고는 할 줄 모르는 아이지만, 함께한 시간이 길었던 만큼 그녀의 화려한 부동산 갈아타기 기술을 익히 알고 있었다.

"나는 싱글이잖아. 내 몸 하나 제대로 건사하려면 부동산이라도 있어야겠더라고."

"그니까. 너는 어찌 혼자 사는 싱글이 이렇게 빨리 정신을 차렸냐고. 다들 뮤지컬이나 명품백이나 지난한 연애사를 만드느라 꽃 같은 20대를 소비할 때 너는 아파트를 지르냐? 참 대단해."

사업에는 능하지만 부동산에는 젬병인 소연이 농담 반 약오름 반으로 말했다.

"너는 연애라도 잘해서 멋진 남편도 만났잖아. 나는 개털이야. 집에 가면 고양이 밥이나 줘야 하는 집사 신세란 말이야."

"그래도 남산타워가 보이는 너희 집 거실에서 와인 한잔 하면서 임영웅 노래 듣고 있는 너의 라이프가 부럽다."

지윤도 벅찬 육아에 지친 나머지 싱글 라이프를 즐기는 현진이 무척이나 부러웠다.

현진은 울산 출신이다. 학구열 높기로 유명한 지역 명문 여고에서 공부보다는 문학소녀로 일찌감치 이름을 날리던 아이였다. 현진의 부모님은 딸을 서울로 보내고 싶지 않아 하셨다고 했다. 다행히 먼저 서울로 진학한 오빠가 보호자 역할을 해주겠다고 해서 상경할 수 있었다. 이른 독립에 집 없는 설움을 일찍 겪어서 빨리 부동산에 눈떴다는 게 그녀의 변명이었다.

"애들아, 너희는 꽃다운 20대에 보일러 값 아까워서 냉골에서 자본 적 있어?"

"없지. 우린 다 집에서 통학했잖아. 관리비는 엄마 몫이었지. 불 꺼라, 보일러 꺼라, 에어컨 꺼라 잔소리는 들어봤지만…."

"그럼 너네 집주인이 투룸 전세보증금 만기 지나고 6개월 동안 안 돌려준 적 있어?"

"나 기억났어. 그때 너 내용증명 보내고 그랬잖아."

지윤은 그때 사건이 떠올랐다. 당시 현진의 오빠가 취업을 해서 회사 근처로 전세를 새로 구했는데, 살던 집 건물주가 다음 세입자 들어올 때까지 전세보증금을 안 내줘서 난리 났던 기억이 있다. 있는 놈이 더하다고. 교회 장로이고, 자식들 다 유학 보내고 돈 많은 건물주라고 그렇게 유세를 떨더니 막상 전세퇴거자금 융통할 돈 몇 천이 없을 줄이야. 그런데 그 당당함은 하늘을 찔렀다. 그때 스물두 살의 현진은 결심했다. 무조건 서울 땅에 내 집부터 마련해야겠다고.

정말 그녀는 해냈다. 첫 집으로 전세 끼고 작은 아파트를 장만했다. 물론 영혼까지 대출받고 잔금 치르기 위해 살던 전셋집마저 빼고 고시원에 들어가야 했을 정도로 무리한 결정이었다.

"넌 천생 여자 같고 여리여리할 줄 알았는데, 은근 악바리 기질이 있었어."

"난 얘 학교 다닐 때 과제 내는 거 보고 눈치챘는데? 엄청 꼼꼼하게 잘해서 항상 A⁺였잖아."

"맞아. 내가 맘먹으면 꼭 해내는 스타일이지. 그때 교수님 눈에 드는 바람에 내가 지금까지 학교를 못 떠나고 있잖니."

"얘기가 그렇게 되나?"

현진은 그렇게 1년 넘게 고시원 생활을 하며 고생해서 돈을 모으더니 세입자 내어줄 전세금을 마련하고 당당히 그 집에 입성했다. 그때 그 집이 그녀 자산의 주춧돌이 되어 지금은 같은 단지에서 좀 더 넓은 평수로 옮길 수 있었다.

"너는 집도 있겠다, 이제 시집만 가면 돼. 아직도 비혼주의냐?"

"난 비혼이라고 말한 적 없다, 얘들아. 언제든 열린 마음이라니까."

그녀들은 깔깔대면서 웃었다. 저런 말 하는 사람이 더 무섭다. 현진은 연애엔 1도 관심이 없는 애였다.

"지윤아, 너 육휴 어때? 오랜만에 여유가 생겼니?"

"24시간 독박 육아라서 몸은 힘든데 마음은 편해. 나 좀 스스로를 닦달하며 사는 유형이었잖아. 매사에 너무 심각하고 진지했지. 돌이켜보면 진급 누락한 게 뭐 그리 대수일까 싶어."

"그래도 너 많이 참았어. 몸에서 사리 나올 거야. 넘어진 김에 쉰다고 그러잖아. 이참에 좀 쉬어."

"내가 좀 잘 참는 성격이긴 하지. 엄마로, 아내로, 며느리로, 딸로, 직장인으로 너무 바빠서 정작 나 자신은 돌보며 살지 못했으니까."

현진이 조용히 커피 잔을 내려놓으며 말했다.

"넌 그렇게 어른이 되어가고 있는 거야. 난 정작 나 아닌 다른 사람을 위해 희생하며 살아본 적이 없어. 지윤이 너는 그 모든 과정을 다 잘 견뎌내고 있잖아. 나중에 외롭지 않을 거야. 잘하고 있어."

"돈 많은 싱글녀는 모든 이들의 워너비야. 현진아, 넌 조카들에게 잘해. 별이가 돈 많은 이모 덕 좀 볼 수 있게."

지윤이 웃으며 현진에게 말했다.

워킹맘 사정은 워킹맘이 안다고. 소연이 지윤에게 계속 물었다.

"독수리 5형제가 거들던 육아를 혼자 하고 있으니… 독박 육아가 바로 네 얘기구나."

"맞아. 내가 집에 있으니까 남편은 매일 야근이야. 가장의 무게를 더 느껴서 그런지 좀 더 비장해진 것 같아. 회사에서 밀리면 안 된다는 생각을 하는 거 아니겠어?"

"그럴 거야. 둘이 벌다가 혼자 버니까 얼마나 버겁겠니. 넌 앞으로 어쩔 거야?"

소연이 물었다. 맞벌이 아닌 상태로 대한민국에서 자리 잡고 산다는 게 쉽지 않은 현실이라는 걸 잘 알기 때문이었다.

"아직 모르겠어. 별이 생각하면 옆에 계속 있어주는 게 맞는 것 같다가도, 월급 생각하면 아쉬워. 지금 벌어두면 나중에 좀 더 편하게 지낼 수 있을 텐데…."

지윤은 말끝을 흐렸다. 돈 많은 동창생들 앞에서 기죽기 싫어 옷도 그렇게 빼입고 나왔는데, 정작 지윤에게 오는 질문들은 그녀의 경제 사정을 걱정해주는 말들뿐이었다. 지윤은 돈 걱정을 달고 사는 자신 빼고 소연, 현진, 승희 모두가 부러웠다. 소연은 사장님, 현진은 복부인, 승희는 사모님….

회사는 꿈을 펼치기 위해 다니는 곳 아니었던가. 지윤은 이들 중에서 가장 먼저, 누구나 가장 부러워하는 회사에 취직했다. 하지만 시간이 지날수록 세상은 교과서처럼 상식적이지 않다는 것을 하나둘씩 깨달아갔다.

지윤도 입사 초에는 잘나가는 여자 상무님을 보며 멋진 커리어우먼을 꿈꿨다. 하지만 이내 곧 깨달았다. 그 상무님은 부잣집 딸에 아버지 인맥도 좋았고, 육아 고민 없는 싱글이었다는 걸.

물론 능력은 확실히 좋으셨으니까 승승장구할 수 있었겠지.

그 상무님을 보며 지윤은 늘 생각했다. 나도 결혼을 하지 않았더라면, 우리 아버지가 좀 더 이름 있는 분이셨다면, 나도 돈 걱정 안 하고 회사를 다닐 수 있었다면…. 겉으로는 커리어를 쌓고 싶어 회사를 다니는 것처럼 말했지만 실상은 돈 때문에 어쩔 수 없이 회사를 다녀야 하는 처지였다. 지윤은 돈 많은 친구들 앞에서 자존심이 상했다.

"그래, 맞아. 직장생활 다 노예지 뭐. 우리 중 제일 잘나가는 건 역시 승희 사모님이지."

"승희야. 아직도 시어머니 양산 받쳐들고 땅 보러 다니냐?"

친구들끼리 웃으면서 하는 소리라서 승희는 별로 개의치 않아 했다.

"그게 언제적 얘긴데 아직도 하냐. 딱 한 번이었다니까. 그리고 그 땅 사지도 않았어."

승희는 농담처럼 말하지만 물려받을 재산만 몇 백억이 넘는 부잣집 며느리다. 졸업과 동시에 부모님과 아는 집안의 남자와 결혼했고, 살아가면서 돈 걱정을 한 번도 하지 않은 승희였다. 오히려 학부 때부터 친구들이 거리감 느낄까봐 엄청 조심해서 내성적인 줄 알았을 정도니까.

갑자기 소연이 승희 손을 꼭 잡으며 비장한 눈빛으로 말한다.

"승희야, 너 잊으면 안 된다."

"뭐?"

"나 백수 되면 니네 집 정원사 시켜주는 거 말이야. 나 벌써 베란다에서 식물 키우고 있잖아. 알바생들이 주는 스트레스를 베란다 허브향을 맡으며 푸는 게 내 유일한 낙이야. 삼성동 니네 집 정원을 가꾼다면 나 매일 힐링할 수 있을 것 같아. 자격증이라도 좀 따둘까? 현진이는 집사라 그랬지?"

"응, 나 학교에서 시집살이 많이 해서 집사 정말 잘할 수 있어. 나 영화 〈기생충〉에 나오는 집사 복장도 살까 고민 중이야. 그냥 너는 나를 채용하기만 하면 돼."

친구들이 설레발이다. 지윤도 곰곰이 생각하다가 한마디 꺼낸다.

"나는 말이야, 너 피아노 선생 할게. 나 건반 좀 치잖니. 너의 교양 생활을 내가 책임질 수 있을 것 같아."

"그래 그래. 니네들 참… 나중에 나이 들고 할 일 없으면 다 우리집으로 출근해. 애들 다 키우고 세월 다 보내고 우리 그렇게 맨날 같이 놀자. 학교 다닐 때처럼."

승희는 집에 가는 길에 지윤을 회사 앞에 내려줬다. 회사에 제출할 서류가 있어서 외출하는 김에 회사도 들를 계획으로 나왔다. 별이 어린이집 하원 시간에 맞춰 부리나케 움직여야 해서 승희 차를 얻어 탔다.

"태워줘서 고마워."

"아냐, 언제든 별이 데리고 놀러와. 우리 승윤이도 별이랑 노는 거 좋아했잖아. 둘이 계속 친구하면 좋겠어."

"그래. 담에 갈게. 운전 조심해서 가."

오늘 친구들을 만나 오랜만에 옛날 이야기하면서 즐거운 시간을 보냈지만, 막상 헤어지고 나니 좀 슬프고 혼란스러웠다. 그녀들은 모두 원하는 삶을 살고 있었고, 돈 걱정도 없어 보였다. 지윤은 자신이 게을렀거나 운이 없는 것이 아니라는 것을 알았지만, 왜 혼자만 이렇게 힘든지 이해할 수 없었다.

지윤은 늘 기댈 곳도 없었다. 회사에서도 붕 뜬 기분, 집에서도 붕 뜬 기분으로 무엇 하나 제대로 해내는 것 없이 시간만 흘러가는 느낌이었다. 승희네 차에서 내린 지윤은 종종걸음으로 회사 건물에 들어섰다.

"선배님!"

로비에서 익숙한 소리가 들렸다.

"선배님, 어쩐 일이세요? 이제 복귀하시려고요?"

"복귀는 무슨. 아직 반년도 더 남았어. 인사팀에 제출해야 하는 서류가 있어서 잠깐 들른 거야."

"이렇게 뵌 김에 차 한잔 하고 가세요."

"그럴까? 근데 나 10분밖에 시간이 없어. 별이 하원 시간에 맞춰 가야 하거든. 엄마들이 괜히 신데렐라가 아니란다."

"괜찮아요. 기다릴게요. 일 보시고 내려오세요."

"그럴게. 나 빨리 인사팀 갔다가 바로 내려올게."

김대리는 로비 카페에 들어가 지윤을 기다렸다. 그는 지윤의 부사수다. 처음에 신입사원 사령식 때부터 사수-부사수로 만나 2년을 일했다. 지윤에게 모든 업무를 배웠던 터라 갑작스러운 지윤의 휴직 소식에 김대리는 적잖게 놀랐다. 그래서 지윤이 육아휴직에 들어가면서 가장 미안했던 사람이 바로 김대리였다.

"그간 잘 지내셨어요?"

미리 커피를 주문해둔 김대리는 지윤에게 커피를 건넸다. 지윤의 커피 취향은 아메리카노에 헤이즐넛 시럽 한 번 추가. 아마 변하지 않았을 거라 생각하고 그냥 주문한 것이다. 김대리는 성격이 온화하고 섬세했다. 이런 다정함과 친절함은 어디서 온 것일까.

"잘 지냈지. 회사 안 가고 백수로 사니까 너무 좋더라."

"거짓말. 선배 성격에 엄청 바쁘게 사셨을 것 같은데요."

"너 CCTV 달아놨니? 나 요새 정신없이 바빠. 애 깨워서 밥해줘야지, 장 봐와야지, 하원하면 씻겨서 책도 읽어줘야지, 뭔가 생각할 틈도 없더라고."

"그러니까요. 얼른 이모님 구하시고 다시 출근하세요. 정부장
님도 위태위태해요."

"그러고도 싶은데, 아니고도 싶어. 하루에도 맘이 수백 번 왔다
갔다 해. 뭐? 정부장이 위태위태하다고?"

"네, 별로 안 좋은 일 같아요. 아직은 소문만 무성해요. 그렇게
선배 괴롭히더니… 선배가 대인배였어요. 그런 인간을 살뜰히 다
챙겨줬잖아요. 맨날 일은 선배가 하고 공은 정부장이 가져가고.
그걸 고마워나 할 줄 아는 사람이었으면 좋았게요."

"그렇게 됐구나. 고등학생 딸 대학 보낼 때까지 버티셔야 할
텐데… 어떡하냐."

"선배가 지금 정부장을 걱정해주는 거예요? 마더 테레사 수녀
세요? 정부장이 맨날 선배 보고서에 빨간펜 들고 수정하면서 면
박 주던 장면이 아직도 생생한데요?"

"그건 좀 웃겼어. 그렇게 몇 번을 고쳐고쳐 결국엔 다 원안대
로 들고 가셨잖아. 근데 나 예전만 못할걸. 요새는 애랑만 얘기해
서 유아 수준의 언어를 구사해. 어른과 수준 높은 대화를 하는 것
도 두려워."

"농담이시죠? 선배님. 저는 정말 아기예요. 일 가르쳐주는 사
람이 없어서 동냥젖 얻어먹듯이 이 부서 저 부서 일 배우러 다니
는데요 뭘. 선배님만큼 일 잘하는 사람 없어요. 컴백하셔야 합니

다. 전 오늘부터 디데이를 세고 있을 거예요."

"에고고… 사실 아직 모르겠다. 컴백하는 게 나은 건지 아닌 건지."

사실 지윤의 마음은 70%쯤 회사 복귀로 기울고 있었다. 아까 낮에 동창 모임에서 잘 사는 친구들을 보면서 혼자 뒤처지기 싫다는 생각을 했기 때문이다. 다들 금수저였으면 어차피 따라갈 수 없는 삶이라 생각하고 말 텐데, 승희만 금수저 아니 다이아몬드 수저이지 않은가. 나머지 둘은 지윤과 시작점이 같았으니 변명의 여지가 없었다. 지윤은 이미 알고 있었다. 나이 들어서도 이 만남 오래 지속하려면 나도 친구들과 비슷한 수준이어야 한다는 것을.

"복직하기 전에 한번 뵈어요. 제가 댁 근처로 갈게요. 회사 돌아가는 사정도 미리 알려드리면 감 잡기 좋으실 겁니다."

"그래주면 고맙지. 나중에 생각하자고."

"선배가 송파에 산다고 했죠? 저도 근처로 이사 갔어요."

"분당에서 부모님이랑 산다고 하지 않았나?"

"부모님께선 해외 나가셨어요. 몇 년 동안 안 돌아오실 겁니다. 보살펴드려야 하는 어르신도 계셔서 제가 그 동네로 이사 갔죠."

"그래. 가까우면 다음에 연락하고 보자. 나 진짜 이제 일어나봐아 해."

"네, 지하철역까지 바래다드릴게요."

"됐어. 바쁜 사람이 뭘 나와."

"아뇨. 저도 바람도 쐴 겸 좀 걷고 싶던 참이었어요."

지윤과 김대리는 회사 회전문을 밀고 나와 지하철역으로 향했다.

"사수 없어 불쌍한 고아 구제하러 오셔야 합니다. 딴 생각 하지 마세요!"

"알았어. 누가 보면 내가 엄만 줄 알겠다. 조르기는."

"얼른 복귀하셔서 송과장님이랑 셋이서 순두부 먹으러 가요."

"맞다. 야근할 때 먹던 그 순두부찌개 반숙 계란이 급 당기네. 내가 먹는 거에 약한 거 알고 지금 순두부 얘기 꺼낸 거지?"

"꼭 그런 건 아닌데 제 전략이 먹혔네요. 마케터는 사람의 심리를 읽고 한발 앞서가야 한다고 선배님이 알려주셨잖아요. 제가 이렇게 잘 크고 있습니다."

"그래. 멋있다, 김대리! 나 진짜 이제 갈게. 안녕!"

지윤은 지하철 계단을 총총거리며 내려가면서 뒤돌아보며 손을 흔들었다.

"선배님, 조심해서 들어가세요. 꼭 다시 오셔야 해요. 기다릴 거예요."

지윤은 김대리에게 미소를 지으며 다시 지하철역 계단을 내려 갔다. 지윤이 지하철 계단에서 사라질 때까지 김대리는 지하철 입구에 서 있었다. 직장에 취직하고 첫 사수였던 지윤에 대한 고마움과 안타까움에 쉽게 발을 떼지 못하는 듯했다. 회사에서 늘 좋은 사람들은 빨리 사라지고, 빌런들만 위로 올라가는 걸 목격하고 있다는 것 자체가 싫었다.

29세 김준석. 김대리는 석사 경력이 인정되어 남들보다 진급이 빨랐다. 둥글둥글한 성격과 성실한 태도로 여러 부서에서 탐내는 인재였다. 사실 동료들은 모르지만 김대리는 소위 있는 집자식이었다. 재벌 정도의 부잣집은 아니지만, 타고나기를 귀티가 흘렀다.

공부를 마치고 사회생활을 시작할 즈음 할머니가 부르셨다.

"사랑하는 나의 첫 손자. 취업 축하해. 그동안 고생 많았어. 내가 월세 받고 있는 작은 아파트가 하나 있는데, 그거 네 명의로 증여할까 해."

김대리는 깜짝 놀랐다. 부모님도 아니고 할머니가 집을 줄 거라고는 생각도 못 했던 전개였기 때문이다. 대학원 학비도 다 내주셔서 항상 감사하게 생각했는데, 이번에는 집이라니!

"할머니, 고마워. 이런 건 사양하지 않고 받아야지. 할머니 성의를 생각해서."

"이 놈! 좋으냐?"

"당연하지. 그걸 말이라고 해? 나 지금 춤이라도 덩실덩실 출 수 있어."

"근데 증여세와 취득세는 수증자 수입납부야. 내가 그거까지 내주면 나라에 세금을 더 내야 한다네. 그러니까 그건 네가 알아서 해결해. 이제 번듯한 직장도 있으니 이 정도는 해결할 수 있겠지? 한 번에 다 내지 않고 연부연납으로 갚아도 된다고 세무사가 그러네."

"그래야지. 월급 받으면 아끼고 모아야 할 분명한 이유와 목표가 생겼네. 세금 납부!"

지윤의
일기

때로는 둔감함이 필요한 날이 있다. 오늘 대학 동창 모임을 다녀오고 그런 생각이 들었다. 오늘 나 좀 예민했던 것 같다. 세상 제일 쓸모없는 것이 남과 나를 비교하는 것이라 했는데, 오늘 나는 그 쓸모없는 일 때문에 기분이 안 좋았다. 나는 나고 남은 남인데… 내가 지나친 욕심을 내는 건 아니었을까, 내 기대가 너무 큰 건 아니었을까.

그래도 나는 이 동창 모임에 계속 나가고 싶다. 나이 들어서도 이 친구들과 함께 늙어가려면 나도 거기에 걸맞은 사람이 되어야 하니까. 부자와 비교하지 말고 자극받자. 이런 마음이 내 재테크의 원동력이 되어주길 바란다.

오랜만에 회사에도 들렀다. 우연이었지만 김대리를 만나 무척 반가웠다. 잠시 회사를 떠나 있으니 내가 누군지 헷갈릴 때가 많았다. 집에 있는 내가 나인가, 회사에 있던 내가 나인가. 오늘은 김대리 덕분에 회사에 있던 나를 발견할 수 있었다.

김대리에게 일을 몽땅 떠넘기고 와서 미안한 마음에 연락도 하지 못했는데 밝고 씩씩하게 잘 지내는 걸 보니 마음이 놓였다. 김대리의 복귀 질문에는 바로 대답하지 못했지만 아무래도 회사로 돌아가야 하겠지. 아직 시간은 남았으니 좀 더 고민해보자.

6

저글링 투자법, 투자를 시작하다

눈을 뜨기 힘든 어느 가을 아침이다. 창밖에서 선선한 바람이 불어 들어오자 지윤은 스르르 눈을 감는다. 부드럽고 포근한 베개, 서걱거리는 소리조차 조심스러운 푹신한 이불, 자고 있는 별이를 더듬어 한 번 꼭 안아주고 미소를 짓는다.

한참이 흐르고 시계를 본 지윤은 옅은 한숨을 쉬며 자리에서 일어난다. 주방으로 들어가 식탁 위에 올려둔 토마토 세 개를 흐르는 물에 씻는다. 토마토는 냉장고에 들어가는 순간 맛이 없어진다. 그래서 장 보러 갈 때마다 토마토를 한 봉지씩 사서 실온에서 후숙시켜 갈아 마신다. 빨갛게 익은 말랑말랑한 토마토를 조심스럽게 씻은 후 톱니칼을 사용해 뭉텅뭉텅 썰어 믹서기에 넣는다. 조용한 아침, 믹서기 소리만이 유일한 소음이다.

주스가 완성되자 지윤은 한 손에 딱 들어가는 유리컵 세 잔에 담아서 식탁 위에 내려놓는다. 의자를 꺼내 앉은 지윤은 7분쯤 주스가 담긴 컵을 양손으로 두른 채 잠시 생각에 잠긴다.

이제 선택의 시간이다. 찬바람이 불어올 때 연락 주겠다던 인사팀 선배한테 며칠 전 전화가 왔다. 내년 2월에 다시 회사에 복귀하느냐, 별이 엄마로 제2의 인생을 사느냐, 그것이 문제로다. 지윤은 그렇게 복귀 석 달을 남겨두고 잠 못 이루는 날이 계속 이어지고 있었다.

"오늘 좀 일찍 와. 얘기 좀 하게."

출근하는 성철을 보며 지윤이 진지하게 말했다.

"복귀 때문에 걱정인 거지? 그냥 오늘 하루 연차 낼게. 요 며칠 잠도 제대로 못 자는 것 같던데. 우리 얘기가 중요하지 회사가 중요하겠어?"

성철은 회사에 전화를 해서 애가 아프다는 핑계를 댔다.

"직장생활은 이렇게 하는 거지."

"그거 참 시의적절한 거짓말이네."

지윤은 코웃음을 짓는다. 이 사람 참 눈치가 없는 것 같으면서도 가끔 센스가 있다.

"내가 별이 깨워서 어린이집에 데려다주고 올게. 나갈 준비 하고 있어."

"어디 나가게?"

"바람이라도 쐬자. 우리 중요한 결정할 때마다 가는 곳 있잖아. 거기 가자."

"아… 알았어. 바람이 꽤 찰 텐데… 그럼 오늘 도깨비 핫도그도 먹을 수 있겠네."

"그래. 오랜만에 도깨비 핫도그도 사줄게."

도깨비 핫도그로 유명한 그곳은 경기도 양평 두물머리다. 지윤네 부부는 중요한 결정을 할 때 양평을 찾곤 했다. 집에서 차로 20분을 달리면 시원한 바람과 흐르는 강물을 만날 수 있다. 그렇게 강을 따라 두물머리까지 가다 보면 근심 걱정이 조금씩 사라졌다.

두물머리는 두 물줄기인 북한강과 남한강이 만나는 곳으로 '양수리'의 순우리말이다. 두 줄기의 물길이 하나가 되는 곳. 두 가지 선택지 중 어느 하나를 선택해야 하는 순간, 그 하나를 최종적으로 고른다는 의미에서 두물머리는 최적의 장소이다.

게다가 이곳에는 4백 년 된 느티나무가 있는데, 지윤은 이 나무를 자신의 수호신이라 여겼다. 느티나무 그늘에 앉아 흐르는 강물과 아름다운 풍경을 바라보고 있으면 마음이 차분해졌다. 언젠가부터 지윤은 여기 앉아 시원한 바람을 맞으며 강물을 바라보며 중요한 결정을 내렸다.

"언제 우리가 처음 이 장소를 찾았는지 기억해?"

"그럼. 그때도 직장을 그만두고 싶었던 때였잖아. 신규팀에 발령 받고 너무 힘들어서."

"맞아. 너는 그때 그만두고 싶어 했고, 나는 그러라고 했지. 그때도 여기 앉아서 저 강을 보며 이런저런 얘기를 나눴어."

"맞아. 그리고 난 회사를 그만두지 않기로 했지. 여기서 강을 보니 다시 힘이 나더라고."

"지윤아, 난 항상 네 뜻을 존중해. 이번에도 내 생각은 같아. 회사 복귀 안 하고 싶으면 하지 마. 인생에 정답은 없고, 최선이 아니면 차선도 있는 법이야. 남들이 생각하는 최선으로 가지 않는다고 너를 비난할 사람은 아무도 없어."

"나도 복귀 안 하고 싶어. 그런데 두 가지 문제가 있더라."

"그래, 네 생각을 들어보자. 어떤 게 가장 걸리니?"

"첫째, 내 커리어를 포기한다는 게 두려워. 나는 명함이 있잖아. 그런데 이제 명함이 사라지는 거야. 소속감도 없어지는 거지.

모임을 가더라도 다들 명함을 주고받으며 인사를 하는데, 나는 뭐라고 말해야 해? 둘째, 아무리 계산기를 두들겨도 답이 안 나와. 나는 별이가 원하는 걸 다 해주면서 키우고 싶거든. 집도 장만하고, 나이 드신 부모님들께 용돈도 많이 드리고 싶다고. 그런데 소득이 없으면 이게 다 불가능하잖아."

"그런 고민을 하고 있었구나. 먼저, 명함. 그건 중요하지 않아. 누군가에게 애써 너를 설명하며 살지 않아도 돼. 넌 명함에 새겨진 회사 이름으로 거들먹거리고 다니는 스타일도 아니었잖아. 그리고 다음으로, 돈? 돈은 아껴 쓰면서 살면 돼. 별이 좀 키우고 나서 정말 너 하고 싶다고 했던 그림 시작하는 것도 괜찮고. 월급만이 소득은 아니야. 세상에 얼마나 많은 종류의 소득이 있는데."

"그렇게 말해줘서 고마워. 조금 위안이 된다."

위안이 됐을 뿐 결정을 내리지는 못해 지윤은 하염없이 강물을 바라봤다.

"네가 가장 원하는 게 뭐야? 복잡할 때는 너만 생각해. 넌 지금까지도 너무 잘 견뎌만 왔어. 견디는 게 쉬운 사람은 아무도 없어. 자꾸 견뎌내려고 노력하지 않아도 돼."

"회사로 다시 돌아가면 월급은 받겠지만, 다시 워킹맘 생활로 팀에서 눈치 봐야 하고, 진급에서는 또 밀릴 수도 있고, 집안은 엉망진창으로 돌아갈 게 뻔하겠지."

"집안이 엉망이 되는 건 신경 쓰지 마. 청소는 도우미분 손을 빌리고, 별이는 이제 많이 컸으니 하원 도와주실 분만 찾으면 돼. 그리고 부모님 용돈이나 내집 마련은 크게 욕심내지 말자."

"아니야. 그럴 수 없어. 내 집이 있어야 별이를 안정적으로 키울 수 있단 말이야. 언제까지 이사 다니며 키울 수는 없잖아."

"그래도 가족 안에서의 안정과 행복이 더 중요해. 너무 스스로를 닦달하지 말자. 고민은 좀 덜 하고. 그렇게 우리 재미나게 살자."

지윤은 다 괜찮다고 현실감 없게 말하는 성철이 야속했다. 듣기 좋은 위로도 좋지만, 좀 더 용기를 내보라고 말해준다면 얼마나 좋을까 속으로 생각했다.

갑자기 강바람이 차게 불어왔다. 지윤은 불어오는 찬바람에 잠시 눈을 감았다. 추운 겨울 강바람과 따뜻한 햇살. 4백 년 된 느티나무 정령이 건네는 소리가 들려왔다.

"하루하루 버티느라 수고가 많구나. 어른으로 산다는 게 쉽지 않지. 살다 보면 예상과 다르게 일이 흘러가고, 예기치 못한 불행이 닥칠 때도 있어. 피할 수 없는 일이지. 그때 유일하게 할 수 있는 건 어떻게 마음을 먹느냐야. 오히려 인생의 반전을 이룰 수도 있단다. 정말 중요한 게 뭔지 생각해보고, 혹시 마음이 약해져서 갈등했던 거라면 여기서 내 기운을 받아서 가."

성철도 느티나무 정령의 소리를 들었던 걸까? 지윤이 원하는 건 위로가 아니라는 걸 깨달은 걸까. 성철은 용기를 주는 말을 하기 시작했다.

"지윤아, 지금 네가 제일 걸리는 게 '경제적 이유' 때문이라면 우리 이렇게 하자. 몇 년만 더 맞벌이를 하는 거야. 지금부터는 시즌2를 여는 거지. 본격적으로 투자 공부도 시작하면서 자산도 불려 나가보자."

느티나무 정령과 성철의 말에 지윤은 정신이 들었는지,

"결심했어! 나 좀 더 벌어야겠어. 내집 한 칸 없이 어떻게 해. 우리 둘이 벌면서 한 명 월급은 그대로 저축하고 불려보자. 1년 안에 우리 집 장만하는 걸 목표로 해. 나 재테크 좀 잘할 수 있을 것 같아."

"재테크? 지윤이 네가 월급 아껴서 모으는 것 말고 주식 투자 이런 거 해본다고?"

"그래. 지난번에 얘기한 적 있지? 우리 아파트에 사시는 부자 할머니를 알게 됐다고."

"그랬지. 종종 인사 나누던 그분 말하는 거지?"

"맞아. 부자 할머니께 재테크는 물론 인생의 지혜를 많이 배우고 있어. 이번에 복귀하는 것도 좀 상의드리고 재테크 방법도 좀 더 여쭤봐야겠어."

지윤은 흘러가는 강물을 바라보며 평온한 마음으로 새로운 출발을 다짐했다. 또한 자신의 선택에 책임질 수 있도록 좀 더 강해져야겠다는 다짐도 했다. 성철 역시 가정과 육아에 좀 더 시간을 내어 지윤이 직장을 포기하지 않도록 도와야겠다고 다짐했다.

"가자, 도깨비 핫도그 먹으러."

"나 복귀하려면 살 빼야 하는데."

"괜찮아. 뺄 데가 어디 있다고? 지금 딱 보기 좋아."

성철이 이렇게 사회생활을 잘하던 사람이었나? 지윤은 마음의 부담을 덜고 도깨비 핫도그 가게를 향해 뛰어갔다.

그로부터 며칠 뒤, 지윤은 분주하게 복귀 준비를 하기 시작했다. 먼저 하원 이모님을 구하는 게 급선무였다.

'이젠 별이도 어린이집 방과 후 수업까지 들어도 될 정도로 적응을 잘하고 있으니 오후 4시부터 지윤이 퇴근해서 집에 돌아오는 오후 7시까지만 봐주실 수 있는 분이면 된다. 출퇴근 시간이 짧으면 좋으니까 같은 아파트 단지 분이면 좋겠는데. 어떻게 구하지? 각 라인마다 전단지를 붙여봐야 하나? 전단지 붙이려면 관리실에 가서 허가를 받아야 하겠지?'

지윤은 장바구니를 든 채 골똘히 생각하며 길을 걷고 있었다.

"지윤씨! 뭘 그리 골똘히 생각하길래 불러도 못 들어?"

밀려서 정여사가 빠른 걸음으로 다가왔다.

"안녕하세요? 죄송해요. 제가 뭘 좀 생각하느라 어르신이 부르시는 걸 듣지 못했네요."

"뭐가 이리 심각할까. 표정 보니 뭔가 중요한 일이 있는 것 같은데?"

"네, 얼굴에 써 있나봐요. 저 회사 복귀하기로 했어요."

"그랬구나. 큰 결심했네. 일을 더 할 수 있으면 하는 게 좋지. 지윤씨 같은 인재를 놓치면 그 회사 바보야."

"그러게 말이에요. 저 같은 인재를 왜 그동안 몰라봐줬을까요? 저 지금 별이 오후에 봐주실 이모님을 어떻게 구해야 하나 고민 중이었어요."

"뭐가 문제야. 진작 나한테 얘기를 하지. 내가 떠오르는 사람이 있는데, 따라와봐."

정여사는 성큼성큼 앞서 걸어서 다시 상가 쪽으로 걸어갔다. 어디로 가시는 걸까. 정여사가 들어간 곳은 '피자마을'이다. 여기 상가에 있는 '피자마을'은 배달을 주로 하는 저가형 프랜차이즈다. 사장님 성격이 워낙 깔끔하셔서 테이블 5개 정도의 작은 매장이지만 항상 깨끗했다. 가격이 저렴하면서도 피자가 맛있어서 근처 중고등학생들과 단지 내 사람들이 자주 이용하는 피자집이었다. 무슨 일로 피자집에 들어가신 걸까? 지윤은 의아했지만 정여사를 따라 피자집에 들어섰다.

"여기 아무도 없어요? 어휴. 아무도 없나보네. 우리 여기서 잠 깐만 좀 기다릴까?"

그때 문에 달린 종이 땡땡 울리며 피자 집 사장님이 들어왔다.

"아이고 여사님, 언제 오셨어요?"

"사장님, 어디 출타했다가 돌아오는 겐가?"

"네. 여기 옆에 고등학교에서 피자 단체주문이 들어와서 여덟 박스 갖다주고 오느라고요."

"명문고라서 다르네, 역시. 우리 사장님 신났겠어. 단체주문도 받고."

"당연히 신나죠. 애들이 수업 끝나고 남아서 공부하고 그러니 까 엄마들이 돌아가면서 간식을 넣어주고 그러더라고요. 종종 주 문이 들어와요. 맛있는 거 먹고 열심히 공부할 학생들 생각하면 피자 구울 맛이 나죠. 그나저나 어르신, 어쩐 일이세요? 애기 엄 마도 같이?"

"맞다. 여기 별이 엄마라고 알지?"

"네, 아이 데리고 종종 왔죠. 우리 손주랑 같은 어린이집 다니죠."

지윤은 정여사 뒤에 서서 가볍게 웃으며 목례를 했다.

"내가 여기에 왜 왔냐면 말이야, 혹시 오후에 한 3시간 정도만 애들 어린이집 끝나면 데리고 와서 놀아주는 알바 할 사람이 있 을까?"

정여사는 마치 자기가 사람을 구하는 양 적극적으로 말했다.

"많죠. 시급 일하고 싶어 하는 엄마들이 얼마나 많은데요. 어떤 분을 원하세요?"

"가능하면 우리 아파트 단지에 살면 좋고… 지윤씨가 말해봐. 사실 나도 오늘 처음 들었거든."

"안녕하세요, 사장님. 갑자기 이런 부탁을 드리게 됐네요. 어르신이 말씀해주신 그대로예요. 애들 좀 키워놓으시고 인품 좋으신 분이면 좋겠어요. 아침에는 저랑 아이 아빠가 어린이집에 데려다주고 갈 수 있으니 오후 시간에 별이 하원시키고 간식만 좀 챙겨주시면 되세요. 딱히 조건은 아니지만 가능하면 다른 일 안 하시고 시간 여유 있으신 분이면 더 좋겠어요. 갑자기 애가 아프면 오전부터 부탁드릴 수도 있으니까요. 물론 그럴 때는 시간당 페이를 더 드릴 거구요."

"딱 떠오르는 분이 한 분 계시네. 내가 20년 넘게 아는 분인데, 애들 공부도 잘 시켰어요. 다 SKY 보내고 집에서 살림하던 엄마예요. 별이 엄마 연락처 좀 줘요. 내가 물어보고 알려줄게요."

"피자 집 사장님 덕분에 지윤씨가 숙제 하나 해결했네."

"너무 감사드려요. 저 눈물 날 거 같아요. 이렇게 다들 도와주시니까 어떻게 감사의 말씀을 드려야 할지 모르겠어요."

지윤은 이방인처럼 맴돌았던 동네에서 하나둘 좋은 이웃을 만나며 따뜻한 정을 느끼고 있었다. 정여사도 미소를 지으며 바라봤다.

"지윤씨, 사람 구하느라 고민 많았구나. 서로 돕고 살아야지. 우리는 다 살아봐서 별 거 아니라 생각하는 일이야. 그치만 우리도 그 나이 땐 하나하나가 너무 큰일이었고, 힘들어했던 것 같아. 나이가 든다는 건 어려운 일도 대수롭지 않게 여길 수 있는 여유가 생긴다는 점에서는 좋아."

정여사는 피자 집 사장님이 서 있는 주방을 향해 앉았던 의자를 돌려 앉으며 말했다.

"지윤씨, 우리 피자 하나 먹고 갈까? 시간 괜찮아?"

"그럼요. 오늘 피자는 제가 살게요. 맘 졸였다가 해결되니까 갑자기 출출하네요."

"나도 매상 올려서 좋네요. 어르신 고구마 피자 드실 거죠?"

"그래. 그걸로 줘요. 내가 오늘 한 건 했으니까 지윤씨한테 얻어먹어도 되는 거지?"

"아무럼요. 그러셔야죠."

이제 의자를 돌려 테이블을 사이에 두고 지윤과 정여사가 마주 보고 앉았다.

"고민 많았겠네. 어떻게 할지 궁금했는데, 다시 회사로 복귀하기로 했나보다."

"네, 아무리 생각해도 조금 더 벌어야 나중에 집도 장만하고 별이도 잘 키울 수 있을 것 같아서요."

"잘 생각했어. 여자는 결혼하면서, 아이 낳으면서, 또 키우면서, 학교 보내면서 여러 번 일과 육아에 대한 고민을 하게 마련이지. 주변에서 많이 도와줘서 이런 고민 자체를 안 할 수 있는 세상이 와야 할 텐데, 세상은 그런 쪽에서는 변화가 참 늦어. 그렇지?"

"맞아요. 육아 지원 기다리다가 별이 시집 보내겠어요."

"우리 딸도 그런 고민 하다 보니까 시간이 훌쩍 지나더라고. 벌써 손주들이 다 컸잖아."

"참, 여쭤보고 싶은 게 있는데요, 저처럼 바쁜 직장인들이 어떻게 하면 재테크를 시작할 수 있을까요? 저한테 좀 알려주세요. 열심히 버는 만큼 열심히 불리려고요. 지금까지 알려주신 것도 너무 큰 도움이 됐어요. 우물 안에 있던 개구리가 살짝 우물 밖으로 고개를 내밀 수 있었다고 할까요? 이제 제대로 재테크를 일상으로 끌어들이고 싶어요."

지윤은 간절한 눈빛을 지으며 두 손을 공손하게 모으고 말했다.

"오늘은 노트가 필요할 거 같은데. 우리 지윤씨 마음이 예뻐서 내가 많이 알려주고 싶거든."

"정말요? 당연히 노트…가 없네요. 사장님 혹시 빈 종이랑 펜 좀 빌릴 수 있을까요?"

"당연하죠. 여기 있습니다."

사장님은 미소를 지으며 A4용지 여러 장과 모나미 볼펜을 갖다주셨다.

"재테크는 그렇게 어려운 게 아니야. 사람들은 잘 모르거든. 투자에 성공하려면 엄청나게 많은 지식이 필요하다거나, 남들보다 비범한 통찰력을 가지고 있어야 한다고 생각해. 또는 회사 내부 정보나 정부 정책 등을 미리 받을 수 있는 지위에 있어야 돈을 불릴 수 있다고 생각하지. 그건 다 착각이야. 그게 아니거든."

"한마디로 저처럼 평범한 사람들도 돈을 불릴 수 있다는 말씀이시죠?"

"그렇지. 순서는 어렵지 않아. 잘 벌어서 아껴 쓰고 의미 있는 수준의 종잣돈을 만들어. 이제 대출 껴서 부동산을 사는 거야. 대출을 갚느라 고되기는 해도 마음이 편할 거야. 강제 저축도 될 것이고. 대출을 갚아나가면서 금융 투자도 병행해 속도감 있게 돈을 모아. 돈을 좀 빨리 모으면 대출을 조기 상환해. 그러고 나서 또 종잣돈을 모아. 의미 있는 수준의 돈이 뭉쳐지면 다음 부동산을 사는 거야. 즉 현금을 모으고, 금융 투자로 불리고, 부동산으로 전환하는 과정을 무한 반복하는 거지."

"종잣돈을 형성한 뒤 내집 마련. 그다음은 강제 저축을 하고 금융 투자를 병행하며 대출원리금을 상환하란 말씀이시죠? 그리고 또 돈을 모아서 다음 부동산으로 업그레이드….”

“그렇지. 정리 잘했어. 인플레이션 때문에 현금은 계속 녹잖아. 통화량은 계속 늘어나니까 현금가치가 자꾸 떨어진다는 말이지. 그래서 적절한 시점에 실물자산으로 바꾸는 게 좋아. 부지런히 모으고 부지런히 투자하고.”

“지금 열심히 적고 있어요.”

“직장 다니면서 투자한다고 누구한테 돈 맡기고 그러면 안 된다. 지윤씨는 이미 겪어봤다고 했지? 남에게 돈을 맡기면 다 털릴 수 있다는 거 말이야. 그러니 이제 스스로 공부해서 굴려야지, 남한테 맡기는 순간 그건 내 돈이 아닌 거야. 힘들어도 주말이나 새벽 시간에 경제 공부를 지속한다고 약속해. 그래야 내가 지금부터 말해주는 투자법이 효과를 볼 수 있어. 샀다고 그냥 묻어둬도 되는 자산이 아니거든.”

“네, 당연하죠. 오늘부터 바로 경제 공부 1일입니다.”

“좋아. 단박에 시작하겠다는 그 마음!”

“뭐부터 시작하면 될까요?”

“내가 선물한 책은 다 읽었다고 했지? 그럼 이제 실전으로 들어가야지. 요즘 경제 기사 보면 영 말이 아니야. 그래서 마냥 경제가 좋아질 때까지 기다릴 수만은 없어. 내겐 시장이 좋을 때 더 벌고, 나쁠 때 덜 잃는 비법이 있어.”

"그런 게 있나요? 보통 공포에 사고, 환희에 팔라고 하잖아요. 그런데 사실 공포에는 더 바닥으로 떨어질까봐 쉽게 투자하지 못하고, 환희에는 예적금까지 깨서 더 투자에 들어가는 게 사람 심리 아니겠어요? 저희 회사 사람들은 다 그렇게 주식하다가 그만두더라고요."

"그렇지. 미래를 예측하긴 어려워. 그래서 나는 예측에 많은 시간을 들이지 않아. 투자한 시간 대비 효율이 떨어지는 편이니까. 그냥 흐름을 봐. 금리와 환율이 움직이는 걸 보면 대강 경제가 흘러가는 방향이 보여. 그리고 그걸 좇고 있는 사람들의 움직임도 관찰할 수 있어. 근데 사실 시장이 좋으면 나도 낙관적이고, 시장이 나쁘면 나도 비관적인 생각이 들어. 뉴스나 신문에서도 다들 그렇게 말하면 나도 흔들리는데 일반인들은 더 그렇지. 그런데 말이야, 비관론에 빠져 몇 번의 호시절을 놓치면 투자한 돈 다 까먹고 투자하면 뭐하겠냐며 후회가 밀려오기 마련이야. 실제로 미국의 유명 가치주 펀드인 트위디 브라운 사장 크리스토퍼 브라운은 『가치투자의 비밀』이란 책에서 주식 투자 수익의 80~90%는 전체 보유 기간의 2~7% 기간에 발생한다고 했어. 다시 말해 이 2~7% 기간에 시장에 머물러 있어야 한다는 말이지."

"정말요? 주식 시장을 떠났다가 다시 돌아오면 그 짧은 기간을 놓칠 수 있겠네요. 근데 주가가 하락하는 걸 견디기 힘들어 다들 떠나는 거잖아요."

"그렇지. 하락장은 누구나 싫어. 손실의 고통이 수익의 기쁨보다 더 크기 때문이야. 한 치 앞도 알 수 없는 시장에서 타이밍을 맞추려고 하기보다는 시장에 머물러 있는 게 더 편한 전략이지. 자, 퀴즈를 내볼게. 그럼 어떻게 살아야 할까?"

"일상 속에 자연스럽게 투자를 녹여내면 되지 않을까요?"

"맞았어. 그러기 위해서는 시간 관리가 가장 중요해. 그래서 비장하게 재테크 공부를 하겠단 생각 말고 쉬운 것부터 하나씩 하면 좋겠어. 그렇게 자신만의 스타일을 찾아 꾸준히 하는 것을 추천하고 싶네. 지금부터 내가 말한 비법을 알려줄게. 받아 적어."

"네!"

"지속적으로 손실을 보면 기분이 안 좋으니까 조금씩 자주 수익을 보는 구조를 만들어주면 좋아. 그래야 상승장과 하락장에 대비할 수 있지. 그리고 꾸준히 수익이 있으면 마음이 평화롭기도 해. 혹시 저글링이라고 알아?"

"저글링이요? 서커스에 나오는 공중으로 공을 두세 개 던지고 계속 받아내는 묘기 말씀하시는 건가요?"

"맞아. 떨어지는 공을 받기 위해 시선을 하나에 쏟아야 하지만 다른 공도 곁눈으로 계속 보고 있어야 하잖아. 그런 공을 나는 세 개 세팅해. 배당주, 공모주, 달러. 이 세 개의 공을 계속 관리하는 거야. 이들의 공통점이 뭔 줄 알아?"

"글쎄요. 전혀 모르겠어요."

"가격의 등락이 적다는 것, 내 노력이 크게 들어가지 않는다는 것, 다음에 받아줄 수요가 분명하다는 거야. 크게 집중하지 않고 꾸준히 돌아가기만 하게 만들면 되는 거라서 쉬워. 시간 대비효율도 있으면서 변동성에 따른 스트레스를 받지 않아도 되니까 꾸준히 지속할 수 있지."

"맞는 말씀이세요. 투자를 공부하고 실행하는데 시간이 너무 많이 들게 되면 곧 지쳐서 포기하게 되더라고요. 저도 그랬고, 제 주변 직장인들이 대부분 그렇게 투자를 가다 서다 하면서 시간을 보내죠."

"그렇지. 그랬다가 누가 돈 벌었다는 소리 들으면 괜히 나만 손해 보는 느낌이 들 테고. 그래서 조급하게 뛰어들면 끝자락이고 그랬지?"

"어머, 맞아요. 항상 마지막 타임에 잡는 건 우리 같은 초보자들이었어요."

"그럴 수밖에. 내가 지금부터 알려주는 투자는 어느 정도 패턴화돼 있기 때문에 변동성에 따른 위험은 비교적 적어. 하지만 반드시 시장의 변수는 어느 쪽에서든 튀어나올 수 있으니까 예금처럼 안전하다고만은 할 수 없어."

"무슨 말씀이신 줄 알아요. 저 같은 초보자가 안전하다는 말만 믿고 무작정 투자할까봐 그러시는 거죠?"

"그래. 내가 아무한테나 투자법을 알려주지 않는 이유가 그래서야. 잘 벌면 자기가 잘한 것이고, 못 벌면 내가 잘못 알려준 게 되더라고."

"염려 놓으세요. 저는 어르신을 만나고 나서부터 인생 전체를 바라보는 시각이 달라졌어요. 보다 멀리 바라보게 됐고, 좀 더 현실을 이겨낼 수 있는 힘도 생겼어요. 그리고 앞으로 또 어떤 새로운 경험을 할 수 있을까 설레기도 하고요. 자랄 때 이런 얘기만 들었거든요. '돈을 벌기 위해 사는 게 아니다. 돈은 그다지 중요하지 않다. 돈보다는 꿈을 좇아라.' 그런데 실상 사회에 나와 보니 그게 아니잖아요. 그래서 저는 지금이 좋아요. 어르신께서 돈을 모으고 불려야 할 당위성을 알려주고, 내공 가득한 실행법도 알려주시는 지금요. 이런 행운을 제가 어디 가서 찾을 수 있을까요? 그러니 나중에 원망 듣는 거 아닌가 하는 걱정은 하지 마시고, 그냥 무심하게 흘려서 알려준다는 마음으로 툭툭 던져주세요. 제가 알아서 찰떡같이 받아 먹을게요."

"좋았어. 그런 마음이면 바로 시작해도 되겠는걸."

"첫 번째는 배당주야. 배당주 사서 부자 되기는 힘들지. 하지만 긴 기간 동안 배당을 주는 기업들은 장기적으로 보유했을 때 크게 이익도 손실도 나지 않는다는 특징이 있잖아. 그래서 고금리 예금 넣고 이자 받는다는 생각으로 투자하면 좋아. 배당주가 예금보다 좋은 점은 만기 이전에 깨도 되고, 조금씩 쪼개서 사고팔 수 있으니 자금 운용하기에 좋지. 배당주로 연금을 만드는 방법도 있어. 나이가 들면 현금흐름이 가장 중요하거든. 그래서 연금은 미리미리 세팅해두면 좋아. 큰 고민 없이 기계적으로 불입하면 어느 순간 목돈이 돼 있고, 그걸 은퇴 후 생활비로 받으면 좋잖아. 이런 연금 개념은 알고 있지?"

"네, 회사 월급에서 자동으로 떼어가는 개인연금저축이 있어요. 그런데 이렇게 연금형 상품에 가입하면 중간에 인출하지 못한다는 게 아쉬웠어요. 연말정산에서 받았던 세금 혜택도 다시 뱉어야 하고요."

"그렇지. 연금은 그러라고 드는 거야. 중간에 깨지 말라고. 강제 저축인 셈이지. 내가 재미있는 연금 만들기 방법 하나 알려줄까?"

"좋죠. 어르신이 알려주시는 건 뭐든 쉽고 간단해서 이해가 잘 돼요. 이건 나도 해볼 만하다, 이런 생각이 들거든요."

"내 성격이 복잡한 건 싫어해서 그래. 복잡하면 걸려 넘어져. 단순해야 오래 할 수 있거든. 배당금 잘 나오는 주식 두 개만 뽑아서 매월 적립해서 사봐. 10년 뒤, 20년 뒤 얼마를 사두면 연간 배당금으로 얼마를 받을 수 있겠다고 미리 계산해보고 역산해서 매년 주식 개수를 늘려가는 거지. 좀 더 빠른 속도로 가려면 매년 받는 배당금을 다시 재투자해서 주식 개수를 늘려. 그렇게 모으다 보면 어느새 배당금만으로도 생활이 가능한 수준이 될 수 있지.”

“그런 방법도 있어요? 기업은 어떤 게 좋나요?”

“배당금은 좀 낮지만 지속적으로 성장하는 성장주 하나, 배당금 높은 금융주 하나, 이렇게 고르면 좋아. 예를 들면 삼성전자와 삼성화재, 이 두 개 주식만 계속 모으는 거야.”

“왜 하필 삼성전자와 삼성화재인가요? 뭔가 이유가 있나요?”

“두 기업은 우리나라를 대표하는 삼성그룹 계열사지. 배당주 투자는 20년 뒤에도 존재할 기업이라는 생각이 들어야 할 수 있잖아. 둘 다 장기투자 관점에서 비교적 안정적인 기업들이야. 삼성전자는 배당수익률이 낮지만 사업 구조가 성장성이 높기 때문에 주식 자체의 시세차익을 기대할 수 있고, 삼성화재는 배당수익률이 높지만 금융사 특성상 비약적인 성장이 어려워 주가는 안정적이야. 그리고 두 기업의 제품과 서비스는 인플레이션을 상쇄할 수 있는 가격 결정력과 견조한 수요가 뒷받침되고 있고, 주주환원 정책에도 적극적인 기업들이야.”

“너무 재미있어요. 결론은 두 개 기업으로 압축시켜서 단순화한 뒤 오래 주식을 사서 모으라는 거잖아요. 두 회사 배당은 얼마나 줬나요?”

“삼성전자 배당수익률은 대략 2~3% 수준이야. 이 회사는 꾸준히 시설 장비와 공장 건설, 기술 개발 등에 투자를 해야 하는 기업이야. 벌어온 돈으로 공장도 세우고, 새로운 설비도 들여야 하고, 고급 인력도 뽑아야겠지. 그래서 배당금을 주주들에게 많이 나눠주기는 힘들어. 반면 삼성화재는 회사가 어려울 때 외에는 꾸준히 배당금을 올려주고 있는 기업이야. 배당수익률이 대략 5~6% 정도 나와."

"막연하게 배당주 투자라면 이름도 낯선 미국 기업 같은 곳에 투자해야 하는 줄 알았는데, 아는 기업으로 콕 집어 설명해주시니까 명쾌한걸요. 이렇게 단순한 걸 왜 여태 어렵게 생각하고 두려워했었나 모르겠어요."

"지윤씨가 재테크에 소질이 있다니까. 이해됐다고 하니까 다음으로 넘어가자. 두 번째는 공모주야. 공모주가 뭔지 혹시 알아?"

"알아요. 기업공개(IPO)를 통해 증권 시장에 상장되는 경우, 발행하는 주식을 공모주라고 하죠. 회사에서 지난해 공모주 열풍이 불어서 그때 한 번 해봤어요. 별이랑 별이 아빠 증권 계좌도 만들어서 몇 주라도 더 받았고요. 그런데 매도를 못 해 본의 아니게 아직까지 갖고 있어요."

"저런… 공모주는 당일, 늦어도 그다음 날에는 팔아야 하는데. 몇 주씩 갖고 있으면 계좌가 복잡해지잖아. 복잡하면 관리가 안 돼."

"공모주도 투자 전략이 있나요?"

"그렇지. 괜찮은 공모주가 뜨면 가끔 단기로 자금을 굴려봐. 처음으로 주식 시장에 상장하는 기업이라 공모가는 경쟁사 대비 할인가를 적용해주거든. 생각해봐. 동네에 정육점을 오픈해도 첫날에는 빅세일 이벤트를 하잖아. 주식 시장도 다를 바 없어. 개업식에 찾아와주셔서 물건 사주시니 감사합니다, 이런 마음으로 공모가는 경쟁사 대비해 낮게 책정하지. 그래서 할인율이 적용된 공모가를 보고 최소 마진은 확보할 수 있겠다 예상하고 투자를 결심하는 거야. 단, 여기서 공모가보다 마이너스로 내려갈 수도 있다는 점에 주의해야 해. 원금을 보장하는 건 은행 예적금뿐입니다."

"아이, 저도 그 정도는 알아요. 투자는 원금 손실 가능성이 있고, 모든 책임은 투자자 본인에게 있습니다. 그렇죠? 유튜브 보면 매번 이런 경고성 문장이 나오잖아요."

"맞아. 공모주가 원금 보장되는 예금이면 얼마나 좋겠니. 근데 그렇게 생각하고 투자하는 사람들이 꽤 많더라고. 공모주는 '비교적' 안전하다는 거야. 안전을 보장해준다는 게 아니라. 그나저나 요즘은 균등배정이라는 게 생겨서 좀 재미가 없긴 해. 비례배정만 있을 때는 돈을 많이 끌어다놓을수록 더 많은 주식을 배정받을 수 있어 수익이 쏠쏠했거든. 한 번 들어갈 때마다 웬만한 대기업 과장 월급 정도 나왔으니까."

"정말요? 공모주도 자금이 클수록 많이 벌긴 하나봐요. 좋은 공모주는 어떻게 골라요? 어르신만의 비법이 있는 거겠죠?"

"당연하지! 몇 가지 지표를 보고 공모주를 들어가야 해. 나는 다음 네 가지를 살펴봐. 기관수요예측이 1천 대 1 이상 나왔는가, 공모가 밴드 상단에서 확정가가 나더라도 고평가라는 말이 안 나오는가, 의무 보유 확약 비중은 높은가, 매출실적은 과거 3년 간 좋았나 또는 지금 적자라면 앞으로 흑자 전환 가능성이 높은가 등이야."

"이런 내용은 어떻게 알 수 있나요?"

"나는 증권사에서 전화가 와."

"그러시겠네요. 저 같은 일반인은 경제 기사를 보면 알 수 있나요?"

"그런데 공모주 관련 내용은 지면 하단 공고란에는 많이 나오지만, 기사로는 크게 매력적이지 않은지 잘 안 나오더라고. 조금 더 기업에 대해 알아보고 싶으면 '38커뮤니케이션'이라고 검색해서 거기 올라오는 게시글을 봐."

"38커뮤니케이션이요?"

"여기는 오래된 장외 주식 거래 사이트야. 상장되기 전 주식들은 여기서 사고팔리거든. 그래서 IPO 관련 정보가 잘 나와 있어. 그리고 상장하는 주식이 현재 장외 시장에서 얼마에 사고팔리는지도 확인할 수 있으니 공모가가 적정한지 여기 게시글을 보면서 판단하기도 해."

"상장 당일 매도가 제일 어렵던데요. 혹시 팁이 있나요?"

"있지. 나만의 비법. 그런데 이거 알려주면 안 되는데."

"아아~ 알려주세요. 네? 네?"

"지윤씨니까, 내가 알려줘야지. 일단 상장하는 당일 아침에 경건한 마음으로 8시 50분에 PC를 켜. 그리고 증권사 주문창에 동시호가가 어디쯤 머물러 있는지 확인하지. 생각보다 반응이 좋다 싶으면 공모가 2~4배 가격에 매도 주문을 넣고 나와. 끝이야."

"네? 뭐가 이렇게 간단해요? 언제 팔아야 할지 안 해봐도 되는 건가요?"

"생각을 많이 하지 않아. 복잡하면 진다니까. 그런데 만약 그때 동시호가가 여러 가격대에 걸쳐 있다? 그건 다들 고민이 많다는 뜻이겠지. 그럴 때는 좀 기다려봐. 30분쯤. 대박 공모주는 장이 오픈하자마자 4배 가격으로 직행해서 그래프가 쭉 이어지는 거야. 그러면 사실 좀 욕심이 나지. 다음 날까지 한 번 더 상한가 갈 수도 있으니까. 그런데 한 번에 4배까지 뛰기는 솔직히 힘들겠지. 특히 기업이 아무리 괜찮아도 시장 상황이 안 좋거나 공모주 인기가 없을 때는 더더욱 말이야. 만약 상장 당일 주가가 크게 흔들린다면 그냥 시장가에 팔고 나와. 장 오픈하자마자 급락하는 경우도 있는데, 그럴 때도 그냥 팔고 나와. 미련 없이. 쉽지?"

"네, 이 모든 걸 30분 내에 판단하신다는 거죠?"

"그래. 다시 한번 말하지만, 공모주 투자는 일반적인 주식 투자가 아니야. 그러니까 장기투자할 마음을 굳이 안 먹어도 좋아. 목돈을 넣어도 공모주 배정은 몇 개 안 되잖아. 공모주를 빨리 정리하지 않으면 계좌가 복잡해지지. 투자하는 기업 개수를 무한정 늘리면 안 되거든. 단, 100개 중 한 개 정도는 장기투자하기에 좋은 공모주도 있으니 그건 운명에 맡기자."

"알겠어요. 공모주는 기관수요예측 경쟁률이 1천 대 1 이상이고 의무확약 비중은 높고, 상장일 당일 오전 9시부터 30분 내에 결정하고 매도한다. 이렇게 정리하면 될까요?"

"깔끔한 정리야. 지윤씨 학교 때 공부 잘했겠어. 공부라는 게 원래 많은 정보를 얼마나 잘 축약해서 뇌 속의 장기 저장 장치에 옮겨두느냐는 거잖아."

"공부하기 싫어했죠. 엄마는 아직도 저한테 수능 다시 치르고 의대나 약대 가라고 그래요."

"그게 좋은 건가? 잘 모르겠어. 돈은 많이 벌지 모르겠지만 너무 힘들잖아."

"다 지나간 얘기죠, 뭐. 저는 지금 만족스러운데요."

"그래. 어른이라면 결정하기까지 고민을 많이 해야 하고, 결정이 끝났으면 후회하지 않고 자신의 결정이 맞았다는 걸 증명해내면 돼. 그렇게 사는 게 인생이지. 난 그렇게 생각해."

"이르신, 정말 명인 제조기십니다! 마지막으로 달러도 얘기해 주세요."

"그러지. 달러는 더 간단해. 그냥 쌀 때 샀다가 비쌀 때 팔면 되니까. 달러 투자는 환차익에 따른 양도소득세가 없기 때문에 절세 측면에서 좋아."

"그렇군요. 세금까지 고려하면서 투자를 해본 적이 없었어요."

"그럴 거야. 수수료와 세금이 아까워질 정도라면 최소 굴리는 단위가 몇 억대는 돼야 하지. 지금은 투자금이 적으니까 세금이나 수수료는 크게 신경 안 써도 돼. 하지만 차차 느끼게 될 거야. 양도세가 얼마나 아까운 건지…."

"저도 언젠가는 세금 욕하면서 살고 싶어요."

"좋은 정신이야. 자, 달러 얘기해줄게. 달러는 전 세계 나라들이 다 사려고 하는 기축통화야. 왜 그런 줄 알아? 원유를 달러로 결제하게 만들어놨으니까. 공장 돌리고 자동차 굴러가게 하려면 석유가 필요하잖아. 그러니 각 나라에서 석유를 사기 위해 달러로 미리 환전해놔야 하는 거지. 지속적으로 수요가 있으니 달러 가격은 크게 떨어지지 않아."

"수요… 아까 처음에 말씀해주셨던 배당주, 공모주, 달러의 공통점 중 하나였던 '다음에 받아줄 수요'가 있다는 말이 이 말씀이신 거죠?"

"그렇지. 달러 없이는 무역 거래가 안 되니 각 나라들이 자국 환율을 고려해 지속해서 달러를 사들이는 구조야. 갑자기 달러를 사는 사람이 사라지지 않는다는 점에서 안정성이 높은 자산이라고 할 수 있지. 오히려 신흥국이 경제 불안으로 자국 화폐 가치가 떨어지면 상대적으로 달러값은 크게 오르거든. 그러니 달러 자산을 가지고 있는 건 매우 중요해."

"달러는 여행 갈 때에나 필요한 줄 알았어요. 그래서 출장 다녀오면 환전 수수료 아까워서 그냥 지폐로 가지고 있었는데요. 이걸로도 재테크가 된다는 건 지금 처음 알았어요."

"달러로 돈을 벌 수 있지만, 변동 폭이 크지 않기 때문에 기대할 수 있는 수익률도 높진 않아. 그래서 목돈으로 투자해야 어느 정도 의미 있는 수익이 나오지. 돈 많고 장기투자할 수 있는 여유 있는 부자들이 좋아하는 투자법이야."

"원달러 환율이 1,200원대에서 1,300원대 사이를 오가니까 8~10% 정도 수익률이군요. 예금보다는 높고, 주식보다는 기대 수익률이 낮은 편이 맞네요. IMF 같은 큰 경제위기가 한 번 더 오면 좋겠어요."

"그러면 다 죽어~ 나 돈 벌자고 나라 경제가 망가지길 바라면 안 되지. 고운 마음을 가져야 돈도 따르는 법이야. 남을 이용하거나 해를 가해서 버는 돈은 끝이 안 좋아. 성장하는 시장에 투자한다거나, 거시 경제를 읽거나, 희소성의 원리를 활용해 투자하는 게 가장 좋아."

"농담이었어요. 저는 IMF를 겪어보시 않았지만, 엄마가 어느 날부터 고기반찬을 안 줬던 기억이 있어요. 그래서 IMF는 힘든 거구나, 어렴풋이 알고 있어요. 진짜 그렇게 되길 바라진 않아요."

"나도 그때 IMF는 정말 힘들었어. 원달러 환율이 1,800원까지 갔으니까. 자, 다시 돌아가자. 환테크 방법도 어렵지 않아. 일단 원달러 환율이 좀 떨어지면 환전이라도 해둬. 나중에 환율 오르면 팔면 되니까. 이건 철저히 시세차익을 노리는 거야. 대신 지루해. 지루할 만큼 달러는 느리게 움직이지만 그만큼 내가 신경 쓸 필요가 없으니 편하지. 외환 시장은 다양한 변수에 의해 움직이기 때문에 전문가도 환율을 예측하기는 어렵거든. 그러니 너무 깊이 분석하느라 애쓰지 말고 장기적인 추세를 보면서 투자 여부를 결정하는 게 포인트야. 끝!"

정여사는 말씀 마지막에 '끝'이라는 말씀을 귀엽게 붙이시며 저글링 투자법 강의를 끝냈다. 지윤은 저글링 투자법을 볼펜으로 꾹꾹 눌러 써본다. 저글링 투자라… 마치 바다 위는 폭풍우가 몰아쳐서 배가 난파하기 직전이지만, 심해 어딘가를 잠수하고 있는 잠수함 같은 투자법이라는 생각이 들었다. 크게 신경 쓰지 않아도 되고, 시장의 공포와 환희에 머뭇거리다 투자할 시기를 놓쳐버리지 않아도 된다는 점이 매력적으로 느껴졌다. 꾸준히 습관처럼 세 개의 저글링 공을 돌리면 왠지 자신도 투자에 성공할 것 같은 자신감마저 들었다.

　부지런히 받아 적고 있던 지윤이 그제야 고개를 들었다. 지금까지 어디서부터 손을 대야 할지 몰랐던 것들이 점차 명징하게 실체를 드러내는 것 같아 머리에 시원한 바람이 불어왔다.

　"막연하게 재테크는 어렵다 생각했는데요, 생각보다 단순하네요. 배당주는 고금리 예금 넣는다 생각하고 하나씩 사 모으고, 공모주는 수요예측 결과와 장외 시장 가격을 참고해 짧게 투자하고 나오고, 달러는 가격이 떨어지면 사고 오르면 팔면 되는 거죠. 저 예전에 주식해보고 덴 적이 있어서 겁이 좀 났었는데, 이건 해볼 만한 거 같아요."

　"겁이 나서 멈췄을 때 그게 가장 나빴던 거야. 그때 멈추지 말고 어떻게든 더 공부를 하고 더 회복했으면 지금 내공이 더 쌓였겠지. 투자는 평생 공부해야 해."

　"집에 가서 좀 더 정리하고 보충 학습도 할게요. 오늘 너무 귀한 설명을 해주셔서 감사드려요."

　"피자가 언제 나와 있었지? 식겠다. 어서 먹자. 하다가 모르는 거 있으면 언제든지 물어보고. 지금부터 회사로 복귀하기 전까지 충분히 연습해봐. 나중에 다시 일터 복귀하면 이리저리 시간 안 나서 미루다가 한 해 훅 간다. 그러면 어느새 마흔 돼. 시간은 흐르는 게 아니라 쌓이는 거야. 지금 무얼 하고 있느냐가 미래의 지윤씨를 결정하는 거지."

"아… 마흔… 그런 말씀 마세요. 바로 시작할 거예요. 미래의 지윤이를 위해서!"

지윤의
일기

오늘 성철씨와 두물머리에 갔다. 인생에서 중요한 결정을 할
때는 두물머리 느티나무 아래가 좋다. 거기에서는 꼭 답을 얻
는다고나 할까. 중요한 순간에 큰 나무와 물을 찾는 걸 보면
나는 토테미즘을 믿는 것 같기도 하다.

여기서 오늘 회사에 복귀하기로 결정했다. 몇 해 전에 내린 결
정은 지금의 나를 만들었고, 오늘 내리는 결정은 미래의 나를
만들 것이다. 시간은 흐르는 게 아니라 쌓이는 것이라는 부자
할머니 말씀을 다시 생각해봤다.

아차! 나는 막연히 부자 할머니가 되어야겠다고 결심만 했지,
세부적인 계획은 세우지 않았구나. 30년 뒤 내 나이 예순넷이
다. 그때 부자 할머니처럼 여유 있는 생활을 하려면 나는 지금
해야 할 일이 너무 많다는 걸 깨달았다. 부자가 되기 위해 실
행 계획을 세웠더니 하루를 촘촘히 살아도 모자랄 판이다. 일
단 회사에 복귀해 소득을 지속해서 받는 게 중요하다. 그리고
부자 할머니에게 배운 저글링 투자(배당주, 공모주, 달러)를 시
작해 월급도 불려나가야겠다. 아끼고 절약하는 것은 당연히
디폴트지.

오늘은 인생에서 중요한 결정을 했고, 부자 할머니와 피자마
을 사장님 도움으로 좋은 이모님도 구했다. 예순넷에 부자 할
머니가 되어 있을 지윤을 위해 계획을 하나씩 실행해나가자.

7

여자의 서재

　명절을 준비하는 마음은 늘 분주하다. 음식 준비, 선물 준비, 양가 이동 스케줄과 아이 설빔까지 신경 쓸 게 한두 가지가 아니다. 코로나19 시절, 모임이 금지됐던 그때는 사실 명절의 의미가 없었다. 돌아보니 며느리들에게는 3년의 꿈같은 휴가였던 것 같다. 예전 명절처럼 시끌벅적한 분위기로 100% 돌아가지는 못하겠지만, 다시 일상을 되찾은 요즘 명절은 가족 모두가 모일 기대감으로 들떠 있다.

지윤은 며느리 역할도 해야 하지만, 다음 주 회사 복귀 준비로
도 바빴다. 김대리가 수시로 보내오는 메일 때문에 업무도 이미
시작된 상태였다. 요즘은 자려고 침대에 누워도 다음 날 해야 할
일들이 너무 많아 허공에 체크리스트를 작성하는 일이 다반사
였다.

'오전 6시에 일어나서 신문 읽고, 아침 준비해서 7시에 별이와
별이 아빠 깨우고, 8시에 별이 어린이집 데려다주고, 9시에 마
트 가서 장 봐온 다음 집안 정리하고, 12시에 간단하게 점심 챙
겨 먹고, 1시부터 3시까지 회사 일 좀 하다가, 명절이라서 일찍
귀가하는 성철이 별이 데리고 놀이터에서 놀아주면, 그동안 잠깐
정여사님 댁에 인사 다녀와야지. 일찍 자야 해. 자자. 피곤한데
잠은 왜 안 와?'

내일 할 일이 너무 많아서 억지로 잠을 청했다.

차가운 바람을 가르고 어디론가 향하는 지윤. 손에는 화장품
세트가 들려 있다. 지윤은 양가 부모님 선물을 장만하면서 정여
사 생각에 하나 더 주문했다.

띵동.

"지윤씨, 왔어? 문 열려 있어. 들어와."

"안녕하세요? 저 명절 인사드리려고 왔어요."

"젊은 사람이 바쁠 텐데 어떻게 나까지 챙겨. 독거노인 외로울

까봐 신경써줘서 고마워. 우리 집 처음이지. 사람이 없어서 휑해. 나랑 다롱이만 살잖아."

지윤은 이 동네 56평대 집에는 처음 들어와봤다. 상상했던 것보다 넓었고, 창문 밖으로 눈 덮인 나뭇가지가 한 폭의 그림처럼 느껴졌다. 가구들은 오래됐지만 기품 있어 보였고, 거실 조명은 예술 작품을 보는 듯했다.

"집 안이 너무 근사해요."

"칭찬해줘서 고마워. 내가 물건 사는 걸 별로 안 좋아해서 오래된 가구 몇 개가 다야. 중요한 건 퀄리티(Quality)지, 퀀터티(Quantity)가 아니거든. 집에 복잡하게 뭘 들이는 게 싫기도 하고."

지윤은 몇 해 전 TV에서 본 정리 다큐멘터리의 내용이 떠올랐다. 온 집 안이 물건으로 뒤덮인 사람들은 심리적으로 공허해서 그렇다고 했다. 배가 고파서 무얼 먹는 게 아니라 허기가 져서 끊임없이 먹는 사람들처럼, 물건이 필요해서 사는 게 아니라 심리적으로 허기진 마음을 소비로 달래고 있을 뿐이라고. 그런데 더 최악은 그 물건들을 사기 위해 다시 돈을 벌러 나가야 한다는 것이다. 그래서 몸은 계속 피곤하고, 돈은 계속 사라지고, 물건으로 집 안은 지저분해지고, 많은 물건을 정리하느라 또 시간을 보낸다고 했다. 반면, 정신적으로 안정된 집안은 물건이 잘 보이지 않는다고 했다.

여백의 미에서 느껴지는 안정감을 정여사 집에서 느낄 수 있었다. 이 넓은 공간에서 유독 많다고 느껴지는 것은 단 하나, 가족사진 액자들이었다. 가족분들과 떨어져 살아서 그런지 장식장과 테이블에는 가족사진 액자들이 여럿 놓여 있었다. 마치 이 많은 가족들이 "내 사진 없으면 서운해요" 하고 말하는 것처럼 아들, 딸 내외분들과 손주들 사진까지 진열되어 있었다. 사진들을 둘러보다가 꼬마 사진을 보며 지윤이는 생각했다.

'이런 집안에서 자란다면 저 녀석은 분명 경제 교육도 제대로 받겠지?'

"어르신, 여기 꼬맹이 손주 너무 귀엽네요. 우리 별이랑 비슷한 나이 같은데요?"

"맞아. 걔가 네 살쯤이었을 거야. 지금은 다 컸어. 그거 옛날 사진이거든. 지금 회사 다녀."

"맞다. 할머니 손자가 벌써 취직했다고 그랬죠."

"그래. 첫 손자는 벌써 다 컸지. 자라면서 속 한 번 안 썩이고 공부도 열심히 하고 싹싹한 녀석이었어. 딸 같은 아들이라고 우리 첫째가 맨날 자랑했지. 얼마 전 우리 집 근처로 이사 왔어. 애 부모가 미국 나가는 바람에 혼자 남은 거지. 불쌍한 독거인들끼리 가끔 만나."

"아, 기억나요. 그때 부동산에서 전화받고 나가셨을 때 그 손주분이시죠?"

"그래 맞아. 그 녀석이지. 지윤씨, 차 한잔할 시간 되나?"

"감사합니다. 그러지 않아도 날이 추워서 따뜻한 차 한 잔이 고팠거든요."

정여사는 항상 지윤을 만날 때마다 시간은 괜찮은지 물었다. 자신이 시간을 소중하게 쓰기 때문에 다른 사람의 시간도 존중하는 태도가 늘 인상적이었다. 역시 부자 할머니에게 배울 애티튜드는 시도 때도 없이 등장했다.

"어르신은 항상 시계를 차고 계시네요. 집 안에서도 원래 시계를 차세요?"

"시계? 예쁘잖아. 농담이고. 나는 시간을 소중하게 생각하거든. 젊었을 때부터 시간을 다 쪼개고 쪼개고 쪼개서 써왔어. 시간을 밀도감 있게 써야 내가 그날 해야 할 일을 다 끝낼 수 있었어. 예전에 비해서 지금은 여유가 있지만, 그게 습관이 돼서 그냥 시계는 늘 차고 있어."

"네, 저도 시간 관리는 자신 있어요. 워낙 해야 할 일이 많다 보니까 데일리 스케줄을 쓰지 않으면 그걸 다 못 해내겠더라고요."

"그래, 지윤씨는 그래 보였어. 항상 종종거리며 걸어가는 걸 몇 번 본 적 있거든. 자, 우리 앉아서 얘기하자. 주방으로 들어와."

정여사는 싱크대 한편에 놓인 커피포트에 물을 올렸다. 유리로 된 커피포트에 물이 보글보글 끓어오르기 시작하고, 정여사는 여유 있게 티포트와 찻잔을 준비했다. 캐모마일을 티포트에 넣고 뜨거운 물을 식혀서 부었다. 살짝 우려낸 물은 버리고, 다시 한번 물을 넣고 차를 우린 뒤 꽃모양이 예쁜 찻잔과 함께 테이블로 가지고 나오셨다. 테이블 위에는 정여사가 정성스럽게 손질한 꽃들이 키 낮은 둥근 화병에 담겨 있다.

'부잣집에는 항상 생화가 있다고 하던데 역시 그렇구나!'

지윤은 생화 가득한 꽃병을 바라보다가 자신도 모르게 눈을 감고 꽃향기를 맡아본다.

"꽃 이쁘지? 나는 집에 있는 시간이 많아서 항상 꽃을 사."

"꽃은 너무 빨리 시들지 않나요? 꽃 화분이 더 오래가는데 그냥 꽃을 사신다고요?"

"꽃 화분도 좋지. 하지만 꽃 화분을 계속 사면 집 안에 화분이 100개도 넘어가게 될걸? 꽃은 각각 피는 계절이 다르니 화분으로 들여놓으면 꽃이 없을 때에도 관리를 해줘야 해서 번거롭지. 소유의 고통이라고 할까?"

정여사는 웃으면서 말했다.

"저는 입학이나 졸업 때만 꽃을 사는 건 줄 알고 있었어요. 별이 아빠도 꽃 선물 할 줄 아는 로맨틱한 사람도 아니고, 저 역시 꽃값 아까워서 꽃까지 사는 건 엄두가 안 나고요."

"맞아. 그 나이에는 그럴 수 있어. 근데 나처럼 나이 들고 혼자만 있으면 우울해질 수 있거든. 꽃은 늘 화사해서 내 기분을 좋

게 만들어줘. 그리고 적낭한 소일거리도 순다니까. 매일 화병에
물 갈아줘야 하지, 꽃이 지면 나가서 꽃도 사와야지, 다듬어서 이
리저리 화병에도 꽂아봐야지… 그리고 나처럼 꽃을 사는 사람이
있어야 꽃집도 먹고살지."

정여사 식탁을 풍성하게 만들어주는 꽃을 파는 꽃집은 아파트
상가 1층에 있었다. 부모님이 경기도 어디에서 화원을 하시고,
사장인 딸이 플로리스트 자격증을 따서 직접 하는 곳이라고 했
다. 그래서 이 집 꽃은 신선하고 저렴했다. 정여사도 꽃에 심취할
정도의 취미가 있는 사람이 아니라 그때그때 꽃집 사장님이 추
천해주는 꽃 위주로 산다고 했다.

꽃집뿐만이 아니었다. 정여사는 정육점, 과일가게, 채소가게,
생선가게 등 동네 상인들과 대부분 친했다. 큰 마트나 인터넷 쇼
핑보다는 가급적 동네 가게에서 물건을 사주었기 때문이다. 현금
이 오가면 흥정이 나오기도 마련인데 정여사는 절대 깎아달라고
하지 않았다. 부동산 거래에서는 크게 네고를 하기도 하지만, 어
렵게 사는 사람들에게 인색하게 굴면 안 된다는 것을 잘 알기 때
문이었다.

"저도 꽃 좋아해서 회사 동호회 활동을 플로리스트 수업으로
했어요. 그나마 그렇게라도 공짜로 꽃을 만지고 집에 가져올 수
있어서 너무 좋았죠."

"그렇구나. 대기업은 뭐가 달라도 달라. 직원들 취미생활까지 지원해주고. 참, 우리 무슨 얘기하고 있었지?"

"시간이요. 제가 종종거리며 걸어다니는 걸 보셨다 해서요."

"맞아. 우리가 꽃 얘기 하느라 깜박했네. 부자는 남의 시간을 살 수 있지만 보통 사람들은 그러기 힘들지. 그러니 자기가 시간을 압축적으로 관리해서 효율을 내야 하는 거야. 매일 정신없이 일하면서도 시간 기근에 시달리는 사람이 얼마나 많은데. 그래도 여유를 좀 가지면서 살아. 우리나라도 산업화 시대에 접어들면서 회색빛 작업복 입고 출근하는 모습이 일상이었지. 새마을 운동에서 알 수 있듯이 노동 윤리가 사회를 지배했던 세상이었어. 회사 일로 바빠서 가정을 돌보지 못하는 걸 무슨 자랑쯤으로 생각하고 살았지. 하지만 시대가 바뀌었어. 집중해서 일하고 내 시간을 확보해. 노는 것도 중요하다. 잘 놀아야 삶에 불만이 없거든. 충실한 하루를 보내야 하는 게 아니라 충만한 하루를 보내야 해. 내가 만족하는 하루!"

"시간 기근, 충만한 하루…. 정말 맞는 말이네요. 근데 저는 언제쯤 그런 삶을 살 수 있을까요? 너무 아득해요."

지윤은 종종거리며 살고 있는 자신이 너무 불쌍해서 갑자기 눈물을 글썽였다. 따뜻한 차 한 잔, 거실 안쪽까지 깊게 햇빛이 들어오는 큰 창, 마음을 녹여주는 화사한 센터피스, 그리고 지윤의 얘기를 잘 들어주는 부자 할머니… 따뜻한 분위기에 지윤은 마음의 빗장이 풀려버렸다.

"아무리 열심히 일해도 여기저기서 자꾸 문제가 터졌어요. 상사는 대놓고 여자 부하직원은 불편하다고 말하던 분이었어요. 심지어 외부 미팅 자리에서 왜 여자들만 나왔냐며 암탉이 울면 망한다는 소리까지 하셨었죠. 제가 그 밑에서 5년간 일하고도 진급을 못 했어요. 저는 아이까지 있으니 눈엣가시였던 거 같아요."

"그 양반은 좀 혼나야겠네. 요즘이 어떤 시대인데 저런 쌍팔년도 같은 소리를 하고 있어. 자격지심이지 뭐. 지윤씨가 일을 잘하니까 자기 자리 뺏길까봐 그러는 거야. 그리고 수족처럼 부릴 부하를 왜 회사에서 찾아? 자기가 무슨 조선시대 양반이야? 자기 종을 왜 회사에서 찾으려고 그런데? 월급 자기가 주는 것도 아니면서? 그런 썩어빠질 인간한테 마음 쓰지 마. 회사에서 그 양반 말고 다른 상사는 없어?"

"그렇게 대놓고 격하게 욕해주시니까 너무 감동이에요. 근데 나쁜 상사 한 명으로 끝날 문제는 아니었어요. 육아 때문에 정시 퇴근을 해야 하는 것도 문제였어요. 저는 일에서 밀리기 싫어서 퇴근하면서도 노트북 챙겨가서 밤에 집에서 일처리를 했거든요. 일을 잘하면 능력을 인정받을 수 있을 줄 알았어요. 하지만 직장생활은 야근한 사람들끼리의 퇴근길 맥주 한잔에서 결정 나더라고요. 퇴근 시간이 정해져 있으니 업무가 많을 때는 점심도 못 먹고 자리에서 일할 때가 많았어요. 정시 퇴근하고 헐레벌떡 뛰어서 가도 집에 도착하면 저녁 7시. 회사에서 퇴근할 때는 부서원들 눈치, 조금이라도 늦게 도착하면 이모님 눈치, 늦게 왔다고 입이 삐죽 나와 있는 별이 눈치… 이렇게 하루 종일 눈치만 보고 살았더니 어느 순간 제가 없더라고요. 그런데 다시 그런 생활로 가야 한다는 게….”

지윤은 용기를 냈지만, 막상 회사 복귀 날이 다가오면서 두려웠나보다. 어느새 눈물을 펑펑 흘리고 있었다. 정여사는 티슈를 들고 와서 살며시 내밀었다. 지윤은 민망했지만 지금까지 참았던 마음이 터져 나와 한참을 엉엉 울었다.

“지윤씨, 실컷 울어도 돼. 짐작하고 있었어. 세상 사는 게 마음대로 되는 게 없지.”

“죄송해요. 주책맞게 왜 눈물이 나는 건지. 명절 인사 드리러 와서 뭐하고 있는 건지 모르겠어요. 너무 창피해요.”

“아니야. 울고 싶을 땐 울어야지. 열심히 살았고, 열심히 일하고 싶었고, 얼마나 인정받고 싶었겠어. 하지만 모두에게 맞춰주는 완벽한 사람이 되려는 생각은 내려놓아. 그런 사람이 되기 위해 스스로 스트레스를 삼키기만 한다면 병 들어.”

“차라리 결혼 안 하고 혼자 살면서 일에만 매달렸으면… 그런 생각을 많이 했어요.”

“그런 바보 같은 생각을… 결혼과 출산이 선택인 시대인 건 맞

아. 결혼하지 않아도 행복할 수 있고, 출산하지 않아도 더 다양한 경험을 할 수 있지. 하지만 별이를 낳고 지윤씨가 만날 수 있었던 새로운 세계, 경험, 느낌들은 그 무엇보다 값진 거야. 오히려 별이를 낳았기 때문에 저 아이를 잘 키우고 싶어서 더 열심히 잘 살고 싶다 생각하는 거 아냐?"

"말씀 듣고 보니 그렇네요. 별이가 아기 때는 눈만 마주치면 항상 꺄르르 웃어줬어요. 좀 걷기 시작하면서부터는 커튼 뒤에 숨어 무한반복 까꿍놀이를 하면서 뭐가 그리 신났는지 깔깔대더라고요. 항상 저에게 조건 없이 웃어주는 유일한 생명체가 바로 별이었어요. 인생에서 다시 돌아가고 싶은 순간을 고르라면 저는 그때를 택할 것 같아요."

"거봐. 아이를 낳고 기른다는 건 힘듦 이상의 가치가 있는 거잖아. 지윤씨는 그걸 알 수 있는 사람이라고 생각했어. 그러니 지금 이렇게 힘들어하는 거고. 자, 별이를 생각해봐. 지윤씨같이 아이 낳고도 열심히 사회생활 하는 여자들이 있어서 직장 내에서 여성들 목소리가 커지는 거야. 별이가 어른이 되면 더 나은 세상이 돼 있지 않을까. 나 때는 말이야. 또 라떼 얘기해서 미안. 하여튼 그때는 여자가 할 수 있는 직업이 거의 없었어. 여자들은 결혼하면 당연히 일을 그만둬야 하는 줄 알았고, 아이들 키우는 데 인생을 바쳤지. 그런데 요즘 여자들은 안 그러잖아. 결혼도 선택이고 출산도 선택이야. 나는 자신의 인생을 스스로 정하고, 그걸 지지해줄 수 있는 사회로 점점 더 다가갈 거라고 믿어."

"이제 다시 회사로 복귀해야 하는데, 별이는 자기를 또 누군가의 손에 맡기는 저를 원망하지 않을까요? 혹시 그게 나중에 상처가 되면 어쩌죠?"

"천만의 말씀. 그런 생각은 안 해도 돼. 그건 내 말을 믿어. 내 딸도 계속 공부하고 사회생활을 했잖아. 그런데 우리 손주들은 다 잘 컸어. 사춘기도 잘 넘기고 부모와 관계도 아주 좋아. 그리고 중요한 건 말이야, 아이들은 부모가 열심히 살던 모습을 기억해. 엄마가 꼭 직업을 갖고 있든 그렇지 않든 상관없어. 엄마가 무언가 공부하고, 일하고, 아껴 쓰고, 투자하던 모습을 다 기억해. 그건 학교에서 배울 수 없는 소중한 가정교육이야."

"돈 때문에 아이와 보낼 수 있는 소중한 시간을 버렸다고 생각하지 않을까요?"

"별이는 지윤씨 딸이야. 지윤씨처럼 심성이 고울 거야. DNA가 어디 가겠어? 별이 기억 속에는 엄마가 이렇게 있을 거야. '엄마는 자기 일을 좋아했고, 어렵고 힘든 일도 잘 헤쳐 나가려고 고민하셨던 분이다. 그리고 아껴 쓰면서 돈을 모으고, 꾸준히 경제 신문을 읽고 투자를 해서 돈도 불리셨지. 수익이 좋은 날은 엄마가 기분이 좋아서 맛있는 것도 사주시고, 밥 먹는 자리에서 아빠랑 자연스럽게 투자 얘기도 하셨어.' 이렇게 말이야. 경제 명문가 별

거 없어. 그렇게 자라면서 자연스럽게 돈과 투자에 대해 접하게 하면 돼. 그러면 별이는 굉장히 유연하게 투자를 할 거야. 어릴 때부터 듣고 보고 배운 게 있으니까.”

“그렇겠네요. 저는 지금 서른 중반부터 투자를 시작하지만, 별이는 네 살부터 시작이군요.”

“그렇지. 지윤씨 이제 다 울었구나. 차 식었어. 잠깐만 내가 물 좀 더 끓여올게.”

바깥에 눈이 펑펑 내리기 시작했다. 넓은 거실 창으로 바라보는 바깥 풍경은 더욱 아름다웠다. 눈물을 흘려서 감정의 카타르시스가 된 까닭일까. 지윤은 마음이 홀가분해져서 미소를 지었다. 회사 복귀를 앞두고 심란했던 마음이 이제야 안정됐다. 정여 사님을 뵈러 오길 잘했다는 생각을 했다. 지윤은 거실 구경하느라 중문 앞에 두고 왔던 과일과 화장품 세트를 들고 다시 주방으로 돌아왔다.

“어르신, 이거 약소하지만 제가 준비했어요. 기초 화장품 세트예요.”

“뭘, 이런 걸 다 사. 나는 아무거나 발라도 되는데. 이거 비싼 거네.”

“아니에요. 양가 어르신들 선물 사면서 같이 사서 좀 할인받았어요. 받으셔도 괜찮아요."

"그래, 잘 쓸게. 정성이 고마워서 나 더 예뻐질 수 있겠어. 이제 지윤씨랑 같이 걸어다니면 언니로 보겠다."

또 썰렁한 농담을 해주신다. 울었던 지윤은 민망할 정도로 함박웃음을 터뜨렸다.

"참! 내가 받기만 해서 되겠나. 이거 별이 세뱃돈이야. 갖다줘."

"세배도 하러 안 왔는데 뭘, 세뱃돈을 챙겨주세요. 제가 다음에 별이랑 다시 올게요."

"아냐. 명절에 바쁜데 뭐하러 나한테까지 들러. 다음에는 그래도 되는데, 올해는 이렇게 가자. 그나저나 별이 이름으로 통장은 있는 거지?"

"백일 잔치할 때 통장은 만들어뒀는데요. 뭔가 해주지는 못했어요. 궁금했었는데요, 자녀 경제 교육 팁 좀 주세요. 아직 좀 이르긴 하지만요."

"세뱃돈을 넉넉히 줘."

"네? 의외인데요. 그냥 집안일이라도 시켜서 용돈을 벌 수 있게 해줘야 한다고 생각했어요."

"지금은 어리니까 지폐 한 장만 줘도 괜찮지만, 초등학교 고학년만 돼도 돈 개념을 알잖아. 그때는 많이 줘. 애들 잘 모른다고 푼돈만 주면 큰 계획을 세우는 사람이 될 수 없어. 애들이 세뱃돈을 얼마나 좋아하는데. 세뱃돈 받을 때 표정 보면 알잖아. 애들 입장에서는 학년이 올라갈수록 더 많은 세뱃돈을 기대하겠지. 월급쟁이들도 연봉인상 기대하는데 애들이라고 안 그렇겠어? 올해는 할머니집에 큰아빠랑 고모가 다 올까, 옷은 어떻게 차려입고 갈까, 세배 끝나고 어떤 인사를 드려볼까 등 나름 전략을 세울 거야. 최종 얼마까지 벌겠다는 목표도 세울 거고. 세뱃돈으로 뭘 살까, 얼마를 더 모아야 내가 사고 싶은 걸 살 수 있을까 등등 행복한 고민을 하겠지. 그런데 만 원짜리 하나씩 받아봐. 얼마나 실망하겠어. 기대가 늘 실망으로 바뀌는 감정은 커서 겪어도 충분해. 아이들은 희망의 경험을 많이 해볼 수 있도록 해줘. 애들도 돈을 규모감 있게 관리해보는 연습을 해봐야 해. 안 그러면 평생 남 밑에서 군소리 없이 주는 돈만 받으며 일하게 될 테니까."

"아, 그럴 수 있겠네요."

"진로에 대해서도 좀 더 넓게 생각해봐. 시간을 팔아 돈을 버는 사람이 될 것이냐, 재능을 팔아 돈을 버는 사람이 될 것이냐, 자산으로부터 돈을 버는 사람이 될 것이냐. 집안일이라는 노동에 따른 소득만 준다면 돈 버는 사고를 확장하기 힘들어. 돈을 규모감 있게 받아보고 요령껏 나눠 쓰고 저축해보는 것도 좋은 경험이야."

"그러고 보니 맞는 말씀이세요. 아이들에게도 돈을 관리해볼 기회를 줘야 나중에 어른이 돼도 실수를 덜 할 것 같다는 생각이 들어요."

"그렇지. 아이돌들이 그런 케이스야. 춤이랑 노래 연습한다고 합숙 생활을 하잖아. 제대로 돈에 대해 배우지 못하지. 학교 수업도 거의 못 듣는다고 하니까 직간접 금융교육은 전무하다고 봐야 해. 돈 관리를 모르는 채 데뷔해서 큰돈을 벌잖아. 그러면 어찌해야 할지를 몰라. 그래서 탕진하거나, 쉽게 사기당하거나 하는 거야."

"출출한데 디저트 좀 내올게."

정여사는 냉장고 앞으로 걸어갔다. 지윤의 시선은 자연스럽게 주방으로 넘어갔다. 앗! 주방 한쪽에 책들이 몇 권씩 꽂혀 있는 게 아닌가. '지금 읽고 계신 책인가?' 궁금한 마음에 둘러보니 지금 앉아 있는 테이블 한쪽에도 책이 있다. 정여사가 읽다가 덮어둔 책이 있었다.

생각해보니 정여사 집 곳곳에는 책이 놓여 있었다. 지윤은 부자 할머니가 분명 평소에 책을 많이 읽으실 거라 생각했지만, 이렇게 눈으로 보니 다시 한번 확인하고 싶었다. 게다가 이 집은 방이 5개나 되지 않은가. 당연히 서재는 있겠지. 문득 부잣집 서재는 어떤 느낌일까 궁금해 말문을 열었다.

"어르신, 책이 곳곳에 있는데요, 원래 책을 좋아하세요?"

"책? 눈 아파서 안 읽어. 이거 그냥 있는 척하려고 한 장식이야."

의외의 대답이었다. 분명 테이블 위에 엎어둔 책이 있다는 건

빙금 진까지 책을 읽고 계셨다는 말인데 왜 책을 안 좋아하신다고 그럴까?

"농담이야, 농담. 지윤씨 책 좋아하지? 나 따라와볼래?"

정여사는 기다렸다는 듯이 지윤의 손을 잡고 복도 끝방 쪽으로 갔다. 이 집에서 가장 넓은 방이라는 정여사의 친절한 설명과 함께 서재에 들어선 지윤은 천장까지 맞춤형으로 짠 책장이 3면으로 둘러싸인 공간 앞에서 입이 딱 벌어졌다. 양쪽으로 걷어둔 암막 커튼 사이로 한 줄기 햇빛이 사선으로 서재 입구까지 내리쬐고 있었고, 창쪽 바로 아래 앤티크한 마호가니 책상이 자리 잡고 있었다. 책상 위에는 키 낮은 독서램프와 주황색 테라코타 화분에 윤기 나고 두툼한 둥근 잎의 금전수가 담겨 있었다. 벽면에 사다리까지 걸쳐 있는 걸 보면 분명 책을 장식으로 두는 집은 아니리라. 책장에는 양장본 전집 여럿이 묵직하게 자리 잡고 있었고, 딱 봐도 어려운 경제·경영 원서들이 질서정연하게 키높이를 맞춰 진열되어 있었다.

근데 이상하리만큼 방 안은 차분했고, 책상 위엔 책 한 권 놓여 있지 않았다. 마치 오래전부터 이 방은 사람이 없었던 느낌이었다.

"여기 우리 남편 서재야. 그 양반 강릉 갔잖아. 은퇴하고 하고 싶은 거 하고 살겠다며."

"어쩐지 여기는 왠지 낯선 느낌이 들었어요. 제가 알고 있는 어르신의 느낌이 하나도 안 느껴졌거든요. 뭔가 굉장히 남성적이고 웅장한 기분이었어요."

"그렇지. 여긴 깜깜해. 암막 커튼까지 쳐 있으니 마치 동굴 같아. 내 서재는 따로 있어. 구경 다 했으면 옆방으로 와봐."

'집에 서재가 두 개라고? 서재를 두 개나 둘 정도로 책이 많다는 말인가.'

지윤은 믿기지 않았다. 지윤은 흠칫 놀라면서 애써 태연하게 옆방으로 갔다. 이곳은 아까 방보다는 좀 작았지만 창이 더 커서 햇빛이 가득하고 흰색 시스루 커튼이 드리워져서 더 따뜻한 분위기였다. 책장은 방의 한 면만 차지하고 있고, 흰색 책장이 상단에는 책들로, 하단에는 여닫이문과 서랍으로 구성되어 있었다.

아까 서재가 책도 더 많고 칙칙한 책 표지들로 웅장함을 줬다면, 이 방의 책들은 색깔별로 맞춰놓은 듯이 밝고 경쾌한 분위기였다. 애거서 크리스티 시리즈, 셜록 홈즈 시리즈, 펭귄클래식 세계문학 전집 등이 눈에 들어왔다. 정말 갖고 싶었던 시리즈인데. 어쩜 책 취향도 자신과 같은지, 지윤은 책에서 눈을 떼지 못했다.

특이하게 이 서재에는 책상이 없다. 무릎담요가 아무렇게나 늘어져 있는 밤색 컬러의 3인용 낡은 가죽 소파, 허리 쿠션이 놓인 초록색 벨벳 1인용 체어, 그리고 그 옆의 독서 스탠드와 둥근 티테이블이 전부였다. 대신 화초가 많았다. 마치 식물원에 들어온

듯한 기분을 느낄 정도로 키가 큰 화분들이 내여섯 개쯤 놓여 있다. 이곳에서 책을 읽다 잠들어도 좋겠다는 생각이 들었다.

지윤은 할머니 서재에 들어서자마자 도리스 레싱의 단편소설 「19호실로 가다」가 떠올랐다. 소설의 주인공 수전은 결혼하고 아이를 키우는 동안 직장을 그만둔 전직 광고회사 직원이다. 그녀의 수입이 줄자 남편 매슈는 가족 부양을 위해 더 열심히 일을 한다. 아이들이 점차 자라나고 남편은 바쁘고, 자신의 정체성을 찾고 싶었던 수전은 '내가 있는 곳을 누구에게도 알리지 않고 완전히 혼자 있고 싶다'는 생각으로 자신만의 작은 공간을 마련한다. 그게 시골에 있는 한 허름한 호텔의 19호실이다. 부자 할머니의 서재가 바로 그 19호실과 같은 혼자만의 공간이었다.

"어때? 지윤씨. 내 서재 좋지? 여자들은 자신만의 공간이 있어야 해."

정여사 생각은 확고했다. 모든 꿈의 시작은 자기만의 완전한 공간에서 나온다는 것이다. 정여사는 항상 새집에 이사 가면 가장 햇빛이 잘 드는 방을 자기 공간으로 만들었다. 남편과 아이들은 외부에서 활동하는 시간이 길기 때문에 집 안에 가장 오래 머무르는 사람이 가장 햇빛을 많이 차지해야 한다는 논리였다.

"난 늘 꿈이 있어. 그래서 나이 들어서도 세상은 여전히 궁금해. 꾸준히 배우고 싶고 꾸준히 투자하고 싶어. 그러려면 책 읽고, 공부하고 생각할 수 있는 자신만의 공간이 있어야 해."

"저도 그러고 싶은데, 지금 저희 집은 23평이라 따로 저만의 공간을 만들 수가 없어요. 좀 더 넓은 평수로 옮기면 가능하지 않을까요?"

"좁은 집에서는 좀 어렵긴 하지. 그래도 주방이나 베란다 한편이라도 마련해봐. 젊을 때부터 시대를 읽고 있어야 안정된 투자를 할 수 있으니까. 나도 IMF와 IT 버블, 글로벌 금융위기 등을 거치면서 돈 주고도 살 수 없는 큰 공부를 했거든. 이런 게 또 안 일어날 것 같아? 예방주사를 맞은 사람은 이런 위기가 와도 쉽게 넘어갈 수 있어. 별수 없어. 공부해야 해."

"어떻게 이렇게 오랜 시간 공부를 할 수 있으세요? 10대 때는 대학에 들어가기 위해 공부를 했고, 20대에는 직장에 들어가기 위해 공부를 했었죠. 모두 어떤 곳에 들어가기 위한 목표로 공부했던 것 같아요. 목표점이 정확하게 보였고, 시중의 참고서와 문제집이 많이 있었고, 열심히만 하면 성적은 잘 나올 수 있었어요. 30대가 되니까 어떤 공부를 해야 하는지 모르겠어요. 저는 이제 출발하는 사람인데 막상 투자 시장은 저 같은 초보자들에게 친절하지 않더라고요. 오히려 초보자 자금을 뺏어 먹으려는 늑대가 우글우글한다고 할까요?"

"그렇지. 투자 시장은 체급별로 나눠 싸우는 올림픽 경기가 아니지. 금융 감독기관이 있지만 정작 투자 시장은 매뉴얼도 없고 심판도 딱히 없어. 게다가 정보력이 센 외국인과 기관들이 함께 붙는 격투기장이지."

"그래서 더 어려운 것 같아요. 비법 좀 알려주세요."

"별거 없어. 공부는 계기가 있어야 해. 우리 남편 얘기를 해줄 게. 젊을 때 남편이 퇴근하고 집에 와서 저녁 먹고 다시 회계사 공부했다고 했잖아. 집도 작은데 아이가 울면 남편 공부에 방해 될까봐 하나는 업고 하나는 손잡고 밤에 동네를 거닐었어. 조금 만 더 방이 많은 집이었다면, 남편을 독서실에 보낼 돈이 있었더 라면 얼마나 좋았을까. 그때 깨달았지. 내가 할 일은 해야겠다고. 근데 집주인은 매달 세를 받으니 아무 걱정이 없어 보이더라. 나 도 저 나이에 저렇게 편안할 수 있을까 생각하며 시작했던 게 부 동산 공부였어. 지금 나는 월세를 받고 살지. 돈이 없어서 불행했 던 경험, 불편했던 경험 등을 빨리 겪을수록 공부 의지가 발동한 다고 할까?"

"공부는 계기가 있어야 할 수 있다는 말씀이시죠?"

"그렇지. 공부할 게 많으니까 책은 쉽고 빨리 읽을 수 있는 게 좋아. 나만의 책읽기 비법도 알려줄게."

"뭔데요? 저도 책 많이 읽고 싶은데 읽으면 자꾸 잊어버려요. 마치 역화수분 같아요."

"역화수분?"

"화수분은 무언가 계속 나오는 거잖아요. 저는 무언가를 자꾸 넣어도 사라지는 거죠.”

“아, 밑 빠진 독에 물 붓는다는 말이구나. 그러면 안 되지. 바쁜 시간 쪼개서 책 읽는데 뭐가 남고 쌓여야지. 책을 처음 볼 때 처음에는 목차랑 소제목만 크게 훑어봐. 보다가 마음에 드는 게 있으면 거기 먼저 봐도 좋지. 굳이 처음부터 순서대로 할 필요는 없어. 다음 차례는 정독이야. 나는 연필이나 볼펜, 형광펜 같은 걸로 밑줄 치고 마음에 드는 구절은 따로 수첩에도 적어둬. 이제 끝났어. 언제든지 다시 펼쳐서 내가 밑줄 그어둔 부분만 읽어. 이건 마치 시장에서 조기를 한 두름 사서 다듬은 다음 냉동실에 넣어뒀다가 하나씩 꺼내 먹는 것처럼 쉽지. 공부는 반복이고, 반복을 쉽게 하려면 처음 읽을 때 밑줄을 잘 그어둬야 해.”

“저도 아침에 한 시간씩 신문을 읽고 있는데요, 그마저도 건너뛰는 날이 많아요. 늦잠 자고 싶은 날도 있고, 다른 일정이 겹치면 신문은 뒷전으로 미루게 되더라고요. 게다가 스마트폰으로 출퇴근 때 기사를 읽기도 하는데, 머리에 남는 게 없었어요. 어르신은 언제 공부하세요?”

“언제 공부를 하나… 이건 딱히 조언해줄 말은 없어. 각자 라이프 스타일이 다르니까. 누구는 오후가 좋고, 누구는 잠자기 전을 좋아할 테니 언제가 공부하기 좋은 시간이라고 말하기는 힘들어. 그냥 자기가 좋은 시간에 해. 나는 오전 시간 공부가 편해. 가족들이 잠들어 있으니 방해하는 사람도 없고, 전화가 오거나 문사가 와서 내 공부를 방해하는 사람도 없지. 시간은 흘러가는 게 아니야. 쌓이는 거야. 오늘 이렇게 흘려보내는 것 같지만, 의미 있게 사용한 시간은 내 안에 어떤 형태로든 축적돼 있어. 오늘도 시간을 쌓는다는 생각으로 책을 읽고 공부하면 좋지."

띵동.

"누구지? 이 시간에 올 사람이 없는데. 지윤씨, 잠깐 여기서 책 좀 보고 있을래? 내가 나가볼게."

"네, 저 너무 좋죠. 책 좀 읽고 있어도 될까요?"

"그럼요. 맘껏 보십시오."

지윤은 서재에서 책 한 권을 뽑아들었다. 건강과 관련된 책이었다. 거의 박사급 수준으로 공부하시고 책장마다 빽빽이 흔적이 있었다. 공스타그램이 따로 없다. 다시 한번 공부해야겠다고 절실히 깨닫는 순간이었다. 나보다 연세가 많으신 분도 이렇게 열심히 공부하고, 잘 살아보려고 애쓰는데 나는 너무 상황 핑계만 대고 있었구나. 많은 책들에 둘러싸인 정여사의 서재에서 지윤은 잠깐 재미있는 상상을 해봤다.

'나중에 20년쯤 후에 내가 저 초록색 벨벳 의자에 앉아서 책을 보고 있다면 어떨까?'

"할머니, 나 왔어."

"아니, 준석아. 이 시간에 무슨 일이냐? 가만 있자. 지금 몇

시지?"

"지금? 오후 4시. 오늘은 연휴 전날이라고 회사에서 조기 퇴근시켜줘서 쌩하고 컴퓨터 끄고 퇴근했지. 동네 독거인들끼리 즐거운 명절을 보내자."

"넌 여자친구도 없니? 이런 날 데이트 좀 하고 그래."

"남들은 명절날 어르신들 잔소리 듣기 싫어서 안 가는데, 할머니는 내가 와도 뭐라 그래. 좋으면서, 안 그래? 할머니 우리 명절 음식 재료 사러 가자. 나 잡채랑 전 만들어 먹고 싶단 말이야."

"알았어. 잠깐만. 나 지금 손님 와 있어. 들어와서 인사해."

"손님? 할아버지도 안 계신데 명절 전에 오실 손님이 있어?"

"할머니도 친구 있어. 동네 친구."

정여사는 준석과 함께 서재로 향했다. 햇빛이 들어오는 커튼 옆에 지윤이 서 있다. 책에 한참 빠져든 지윤은 누가 서재에 들어왔는지 인기척도 느끼지 못했다.

정여사 손자, 아니 김대리는 쉿!이라며 손가락을 할머니 입술로 갖다 대었다.

나만의 방을 가져야겠어!

오늘 부자 할머니 집을 처음으로 가봤다. 집은 사람을 닮는다
하지 않나. 정원뷰가 근사했고, 심플하면서도 고급스러운
가구들, 테이블 위의 꽃과 곳곳에 놓인 가족사진과 책. 가장
마음에 와닿았던 곳은 할머니의 서재였다.

할머니의 선택의 순간을 함께했을 책들, 위로와 공감을 줬을 책
들, 미래를 준비할 수 있게 도와줬을 책들… 그런 책들이 가득
한 완벽하게 개인적인 공간! 아무리 지치고 힘든 날이라도 그
공간에 들어가면 다시 일어설 힘이 생길 것만 같은 그런 공간!
나도 언제가는 저런 공간을 가질 수 있겠지.

오늘 할머니 집에서 먼 미래의 내 모습을 상상해볼 수 있었다.
나도 차경이 아름다운 집에서 꽃꽂이를 하고 차를 마시고 책
을 읽고 그런 여유로운 날들을 보내고 싶다.

김대리가 부자 할머니 손자였을 줄이야. 다시 생각해보니 약
국에서 어르신 뵈었을 때 낯익은 인상인 것 같다고 했다. 왜
몰랐을까. 아니다. 김대리가 우리 동네로 이사 왔다고 했을 때
어디 아파트냐고 물어볼 걸 그랬다. 어르신 댁 거실에서 꼬마
김대리 사진을 봤을 때도 눈치챌 수 있었는데… 김대리가 속
인 건 아니지만 왜 이렇게 분한 마음이 들까.

8

화이트 크리스마스

이기고 싶었다. 이기고 지는 게 살아가면서 무슨 상관일까 싶겠지만, 이왕이면 지는 쪽보다는 이기는 쪽, 욕하는 쪽보다는 욕먹는 쪽이 더 낫다고 생각했다. 다시 한번 인생에서 이기는 스토리를 쓰기 위해 지윤은 2월, 회사로 복귀했다. 두물머리 느티나무 정령의 기운도 받았겠다, 응원해주는 가족들도 있겠다, 뭐가두려울쏘냐. 게다가 이제 든든한 부자 할머니도 계시지 않은가. 지난해 그분께 전수받은 저글링 투자법과 부자 마인드로 무장했으니 조급함이나 불안감 없이 재테크를 해나갈 자신도 생겼다.

별이를 돌보며 직장생활을 해나가야 한다는 사실은 변함이 없었다. 퇴근 후에도 노트북을 들고 집에 와서 일하는 것도 여전했다. 주말에는 키카(키즈카페) 한쪽 구석에서 노트북을 뚫어지게 쳐다보며 일하다가도 별이가 다가오면 급 방긋 웃으며 아이 머리에 송송 맺은 땀을 닦아주는 삶도 달라지지 않았다.

　어느새 별이는 자라고 있었다. 복귀 초반에는 별이가 아침에 안 떨어지려고 울어서 애를 먹었다. 하지만 이제 아이는 안다. 엄마는 아침에 출근해야 하는 사람, 가지 말라고 떼를 부리면 안 되는 사람, 저녁이 되면 어김없이 돌아와 별이를 안아주는 사람. 그래서 별이는 더 의젓해지기도 했고, 엄마 손을 빌리지 않고도 혼자서도 하나둘씩 해나가려는 아이로 성장하고 있었다.

　퇴근하고 집에 돌아오면 이모님과 놀다가도 현관까지 양팔 벌린 채 뛰어와 엄마 품에 안겼다. 바깥에서 받은 스트레스와 피곤이 눈 녹듯 사라졌다. 혹시 별이가 하루 종일 엄마만 기다린 건 아닌가 해서 이모님께 물어보면, 이렇게 말씀해주셔서 지윤은 마음이 놓였다.

　"아니에요. 하루 종일 얼마나 잘 놀았는데요. 애기 엄마 그런 걱정은 하지 않아도 돼요."

　1년 새 회사는 너무나 변해 있었다. 일단 그녀를 괴롭히던 정 부장이 더 이상 회사에 없었고, 신입이 두 명 더 배치됐다. 새로

바뀐 팀장은 40대임에도 지윤과 비슷하게 보일 정도로 젊고 활기찬 사람이었다. 업계에서 유명인사로 회사에서 엄청 공들여 스카우트해왔다나.

"자, 야근은 필수가 아닙니다. 필요하면 재택근무 하셔도 되니까 미리 팀내 공유만 해주세요."

지윤이 복귀하던 날 첫 회의에서 팀장이 한 말이었다. 지윤과 면담에서 이미 전달한 사항이지만, 지윤이 눈치 안 보고 재택근무를 할 수 있도록 일부러 팀원들 앞에서 한 번 더 언급해줬다. 코로나19로 인한 재택근무가 이제 상시화됐고, 가정과 일을 양립할 수 있는 사회적 분위기가 점차 자리 잡는 중이었다. 상황은 이렇게 바뀔 수도 있는데, 왜 혼자 끙끙댔을까. 지윤은 회사로 복귀한 첫날 돌아오길 잘했다는 생각을 했다.

일하는 분위기도 좋고, 손팀장에게 배울 점도 많고, 무엇보다 내 성과를 뺏기지 않아도 되니 출근이 즐거웠다. 그전에는 아무리 매출 성과를 내어도 정부장이 채어가기 일쑤였고, 밤새 발표 자료를 만들어도 정부장은 남자 동료에게 프레젠테이션을 넘기라고 했다. 남자가 더 목소리 힘이 좋아서 클라이언트들이 좋아한다나. 이런 말도 안 되는 상황이 상식이었는데 어느새 비상식으로 바뀌어 있었다. 손팀장이 그렇게 만들었다. 이래서 조직은 리더가 중요하다.

"지윤 대리, 정부장 얘기 들었어?"

파티션 너머로 옆 부서 선배가 고개를 들어 말을 걸었다.

"아뇨. 왜 무슨 일 있으시대요?"

"암이래. 지금 병원에 계시대. 그렇게 지윤 대리 괴롭히더니 고소하지 않니?"

"어머나, 너무 안됐네요. 아직 한창 애들 키울 나이실 텐데."

"안됐다고? 지윤 대리 쉬는 동안 성불한 거야?"

"선배도 참… 저 교회 다녀요. 그래도 좀 해탈하기는 했죠."

"간암이래. 아산병원에 계신데 현재 간이식 대기하고 계신가봐."

지윤은 그동안 정부장을 참 미워했다. 그 미움이 하늘에 전달됐던 걸까. 그래도 이런 보복을 원한 건 아니었다. 갑작스런 정부장의 와병 소식에 안타까운 마음이 들었다. 정부장이 진급을 누락시키는 바람에 인생의 큰 역경을 겪었지만, 결과적으로 지윤은 인생을 다시 점검해보는 소중한 시간을 보낼 수 있었다. 마지막일지도 모르니 가서 정부장 얼굴은 보고 와야겠다는 생각이 들었다. 지윤은 김대리에게 사내 메신저로 메시지를 보냈다.

한지윤 김대리! 뭐해?

김준석 일하고 있지요. 커피 타드릴까요?

한지윤 뭐라니. 누가 보면 내가 후배직원 커피 심부름 시키
는 사람인 줄 알겠어.

김준석 아니죠. 제가 자발적으로 하는 일이죠. 이렇게 다시

커피 타드릴 수 있어서 영광입니다.

한지윤 커피는 됐고. 바쁜 거 아니지? 정부장 아프다는데 들

었어?

김준석 헉….

한지윤 아무래도 인사를 드려야 할 거 같아.

김준석 흠… 왜 굳이… 회사 나가신 분을 챙기세요?

한지윤 내가 계산적으로 사람 만나는 거 싫어하는 거 몰라?

바쁘면 같이 안 가도 돼.

김준석 알죠. 그게 선배님 매력인데요. 자기한테 악다구니

쓰던 상사를 찾아뵙는다는 건 이해가 안 가지만… 같

이 가시죠.

한지윤 정부장한테는 내가 언제 가도 되냐고 여쭤볼게. 김대

리는 언제가 좋아?

김준석 저는 아무 때나 상관없어요. 퇴근길에 들르실 거죠?

한지윤 그러자. 올림픽대로 타면 막혀도 30분이니까 내 차

타고 가자.

김준석 선배 차 가지고 다녀요?

한지윤 워킹맘에게 지하철은 사치다. 걸을 시간이 없어. 아침

에 별이 어린이집에 맡기고 출근하려면 운전은 필수

지. 몰랐어? 나 이거 김대리 할머니한테 배운 건데?

김준석 두 분 너무 친하신 거 아니에요?

한지윤 우리가 좀 친하긴 하지. 참, 나 다음 주에 할머니 뵙기로 했어. 중간 점검 해주신대서.

김준석 우리 할머니요? 무슨 중간 점검이요?

한지윤 나 할머니한테 재테크 배우잖아. 저글링 투자법 알려주신 지 벌써 6개월째야. 중간 점검 해주신대. 나중에 얘기하자. 나 미팅 들어가야 해.

김준석 우리 할머니랑 그런 관계셨군요. 알았어요. 미팅 잘 다녀오세요.

똑똑.

"들어오세요."

병실 안에서 사모님 목소리가 들렸다. 병실로 들어서자 정부장은 잠이 든 듯 눈을 감고 있었고, 사모님이 읽던 책을 침대 옆에 덮어놓으며 일어났다. 과일 바구니를 사모님께 전해드리며 지윤이 먼저 인사를 드렸다.

"안녕하세요? 저희는 정부장님 직장 후배 한지윤, 그리고 이쪽은…."

"김준석입니다."

"어서 오세요. 바쁘신 분들이 멀리까지 찾아와주셔서 감사합니다."

"당연히 와봐야 했는걸요. 사모님, 얼마나 걱정이 많으세요."

정부장이 깰까봐 나지막한 목소리로 지윤은 사모님을 위로해 드렸다. 김대리는 아직 이런 인사가 낯설었는지 뒤에서 두 손을 모으고 서서 가만히 정부장을 바라보고 있었다. 째려보는 건지, 안쓰러워서 바라보는 건지 도통 알 수 없는 눈빛이었다.

"우리 바깥양반이 지윤씨 얘기 많이 했어요. 일을 똑 부러지게 잘한다고."

"아니에요. 부장님께 제가 많이 배웠는걸요."

"그리고… 진급 못 시켜줘서 미안하다는 얘기도 했어요. 그때 티오(TO)가 한 명뿐이었는데, 당시 외부에서 데려온 사람을 진급 시켜주는 조건으로 영입했던 거라 어쩔 수 없었다 하더라고요."

"뭐, 다 지나간 얘기인걸요. 괜찮아요."

지윤은 좀 속이 후련했다. 누군가의 사과를 받을 일은 아니지만, 오랜 궁금증이 해소되는 순간이었기 때문이다. 마치 자신이 무슨 큰 결함이 있어 진급을 못 한 거라 오해할 뻔했는데, 다른 이유가 있었다는 걸 듣고는 다행이라는 생각이 들었다.

'역시 조직은 어쩔 수 없구나.'

마침 정부장이 눈을 떴다.

"어이쿠, 내가 귀한 손님들 오라 해놓고 잠이 들었구나. 야~

한지윤 대리, 잘 쉬어서 그런가, 얼굴 좋아졌어. 준석 대리도 반가워! 더 늠름해진 것 같아. 이제 신입 티 다 벗었네."

"부장님, 농담은 여전하시네요."

김대리가 마지못해 웃으며 말했다. 지윤은 침대 곁으로 가서 앉으며 정부장에게 말을 건넸다.

"부장님, 어쩌다 이렇게 몸이 상하셨어요."

"건강 관리 안 하고 맨날 술 먹어서 그렇지."

"그럼, 말씀들 나누세요. 저는 간호사실 좀 다녀올게요."

사모님이 자리를 비켜주자 지윤이 정부장에게 물었다.

"이식 기다린다고 들었는데, 공여자는 나타났나요?"

"다행히도 우리 딸이 나랑 맞아서. 첫째가 수술 준비를 하고 있지."

"정말 잘됐네요. 이번에 수술하시면 더 건강 잘 챙기시고 오래오래 잘 지내세요."

"그래. 나 미워하고 있을 줄 알았는데 이렇게 찾아와줘서 고마워. 지윤 대리."

지윤은 아무런 대답도 하지 않고 미소를 지어 보였다. 왜 안 믿겠는가.

"지윤 대리, 준석 대리. 내가 더 잘 챙겨주지 못해서 미안해. 둘 다 야근 많이 하지 말고 운동도 하면서 건강 챙기면서 살아. 나처럼 되지 말고."

"네, 알겠습니다. 부장님도 쾌차하시길 바랄게요."

여전히 김대리는 마음에 안 드는지 최대한 예의를 차리고 대답했다.

"저희 이만 가볼게요. 다음에 건강해진 모습으로 또 봬요."

"그래. 와줘서 고마워. 잠깐만⋯."

정부장은 침대 옆 서랍을 열더니 지갑 속에서 5만 원짜리 지폐 두 장을 꺼내 지윤에게 건넸다.

"저녁도 못 먹었지? 멀리까지 왔는데 지윤 대리가 김대리 데리고 지하에 내려가 밥 먹고 가. 여기 병문안 오는 사람들이 많아서 식당가가 잘돼 있어."

"아뇨. 저희가 알아서 할게요."

"아냐. 그래도 어른이 주는 건 받는 거야. 맛있는 거 사 먹고 돌아가. 와줘서 정말 고마워."

지윤은 감사하다는 인사를 남기고 병실을 나왔다.

"가자. 밥 먹으러."

병원 지하 갈비탕집으로 들어간 두 사람. 김대리가 키오스크에서 주문을 하고 돌아와 자리에 앉았다.

"선배는 속이 괜찮으세요?"

"안 괜찮으면 어쩌겠어. 용서하고, 잊어버리기. Forgive and Forget 몰라? 달리 생각해보면 정부장님 입장에서는 조급했을

깃 같아. 동기들은 치고 올라가지, 팀 실적은 꼴찌지, 일 좀 시키려고 하면 나는 맨날 퇴근하고 없지. 답답하지 않았을까? 그래서 그때는 많이 날카로우셨던 것 같아."

"그래도 그때 선배가 너무 속이 상했잖아요. 저는 그런 것도 모르고…."

"괜찮아. 내가 어찌 철부지 부사수님께 이러쿵저러쿵 다 말하고 다니겠어. 그냥 좀 참아도 보고, 열심히 더 노력해보기도 하고, 상황이 바뀌기를 기다려도 보고 했던 거지. 인생은 원래 이렇게 어려운 거란다."

지윤은 마치 어린아이 대하듯 김대리에게 말했다.

"앞으론 선배, 힘든 일 있으면 저한테도 얘기해주세요. 꼭이요."

"네네. 그러겠습니다. 부사수님."

"농담 아닙니다. 제가 도와드릴 수 있는 부분도 분명 있을 거예요."

"그래, 김대리. 오늘 같이 와줘서 고마웠어."

"사회생활 잘하는 척하려고 따라온 것뿐이에요. 너무 고마워하지 않으셔도 됩니다."

"김대리, 사회생활 잘하려면 라인을 잘 서야지. 내 뒤는 아니야."

"선배 뒤가 어때서 말입니까?"

"잘나가는 선배 뒤에 있어야지. 진급도 누락된 나는 김대리한테 별 도움 안 될 거야."

"진급 안 되면 뭐 어떻습니까. 저는 임원까지 올라갈 생각 애초에 없습니다."

"픽이나. 나중에 후회한다. 그런 말 하지 말고."

때마침 진동벨이 울렸다. 김대리는 자리에서 일어나며 말했다.

"후회할 일 없고, 진급도 필요 없습니다."

"알았어요. 부사수님~ 화내지 마시고요. 어서 갈비탕 좀 갖다 주세요. 배고파 쓰러지겠어요."

지윤은 진급에 관심 없다는 김대리 말에 웃었지만, 속으로는 민망했다.

'진급 안 시켜줘서 삐졌던 나는 뭐냐.'

땡~ 땡~ 땡~

정다운 두부 장수 아저씨 종소리가 들려오는 주말 오후였다. 벌써 시간이 이렇게 됐나. 매일 오후 5시가 되면 어김없이 두부와 콩나물 등 간단한 찬거리를 실은 두부 장수 트럭이 아파트 단지로 들어왔다. 이 소리가 들리면 엄마들은 손지갑 하나씩을 들고 내려왔다. 두부조림, 김치찌개, 된장찌개, 콩나물국, 콩나물무침…. 여기에 필수로 들어가는 것은 두부와 콩나물이다. 수요가 있는 곳에 공급이 있기 마련이라고. 저녁 준비할 시간이면 어김없이 나타나는 장사 트럭. 어찌 보면 두부 장수 아저씨가 엄마들을 구원해주고 있었던 걸 수도 있다.

"지윤씨, 어서 들어와."

"여사님, 제가 좀 늦었죠? 밑에 두부 아저씨 오셨길래 두부 한 모 사왔어요. 찬거리 없으실 때 쓰시면 좋을 거 같아서요."

"뭘 이런 걸 사와. 그냥 오지 그랬어."

"그래도요. 여사님께서 소고기 주시는데, 저도 빈손으로 올 수 없잖아요."

"부담 갖지 않아도 돼. 이번에 고기가 좋다 하셔서 지인들 좀 나눠주려고 넉넉하게 주문했어."

"그런 데는 어떻게 아시는 거예요?"

"예전에 장흥 갔다가 현지에서 발견한 집이야. 나는 여행을 가면 거기 시장을 꼭 들르거든. 우리나라는 어딜 가든 특화된 지역 농산물들이 있잖아. 집에서 자주 해 먹는 반찬이나 참기름, 들기름, 고기, 생선 같은 건 여행 가서 시장 구경하다가 좋은 상품을 파는 사장님과 거래를 트고 와. 중간 마진도 빼고, 농산물도 신선하게 받을 수 있지."

"괜찮은 방법이네요. 싸고 더 믿음직할 것 같아요."

"그렇지. 근데 아무렇게나 접근하면 안 돼. 외지인이라고 바가지 씌울 수 있거든. 그냥 물건값만 물어보고 사지 말고, 이것저것 귀찮게도 해보고 다른 가게랑 비교도 해보면서 사장님 내공을 파악해야 해. 그래서 이 집이 괜찮다 싶으면 많이 사. 그리고 명함을 달라고 해. 내가 이렇게 까다로운 사람이지만 물건 사면 많이 산다는 걸 반드시 알려주면 돼. 그리고 택배로 꾸준히 주문해."

"그렇게 단골 가게를 만드는 거군요. 참, 지난번에 소개해주셨던 가락시장 진영수산도 정말 잘 이용하고 있어요."

"맞아. 단골이 되면 살 때마다 이리저리 고민 안 해도 되니 시간 절약해서 좋고, 사장님은 예측 가능한 사람이니까 더 잘 챙겨주시지. 서로의 요구가 딱! 맞아떨어졌지?"

정여사는 웃으며 두부를 냉장고에 넣었다.

"지윤씨, 어떤 차 줄까?"

"어르신 픽으로 가겠습니다."

"픽?"

"추천해주시는 걸로 하겠다는 뜻이에요. 제가 회사로 돌아갔더니 다시 요즘 애들 쓰는 말을 쓰네요."

"재밌는데. 픽? 나도 권약사한테 가서 써먹어야겠어."

물이 끓어오르는 동안 지윤은 수첩을 꺼내 지금까지 자신이 투자하면서 기록한 메모를 다시 한번 쭉 읽어보고 있었다. 그런 지윤이 예뻐 보였는지 정여사는 티포트에 차를 우리며 미소를 지었다.

"직장 다니느라 바빠서 어디 공부나 제대로 했겠어?"

부쩍 마른 모습의 지윤이 안쓰러워 정여사가 이렇게 운을 떼었다.

"운전을 해야 하니까 출퇴근길에 라디오로 경제 뉴스 듣고 있어요. TV 보던 시간을 줄여 경제 기사랑 책도 읽고요. 그냥 흘려보낼 시간들이었는데, 쪼개고 뭉치니까 시간이 만들어지더라고요. 그동안 실속 없이 괜히 바쁘기만 했던 것 같아요."

"공부하는 습관도 벌써 들였네. 역시 모범생이야. 경제 공부하는 게 어렵고 지루하지? 그렇다고 현실이 공부한 그대로 돌아가기만 하는 것도 아니고 말이야. 이걸 왜 공부하나 싶기도 할 거야. 하지만 모든 결정이 그렇듯 최종 의사 결정은 스스로 하는 거잖아. 그러려면 내가 잘 알고 제대로 판단할 수 있어야 하지. 지리멸렬한 숙련의 과정을 거치면 통찰의 순간을 만날 수 있어. 그날이 올 때까지 꾸준히 공부해야 한단다."

"그러려고요. 아직 공부할 게 너무 많이 남았어요. 어르신, 이건 제가 저글링 투자한 거 정리해본 수첩인데요. 한번 봐주실 수 있을까요?"

지윤은 잠깐 입을 꾹 다물더니 부끄러운 듯 두 팔을 뻗어 수첩을 정여사 쪽으로 내밀었다.

"어디 한번 보자… 잘하고 있나…."

정여사는 주머니에서 돋보기안경을 꺼내 접힌 다리를 하나하나 펴서 수첩을 보기 시작했다. 심각한 표정은 점차 미소로 바뀌었고, 숙제 검사 받는 학생처럼 조마조마했던 지윤의 마음도 조금씩 풀려갔다.

"내가 저글링 투자법을 가르쳐준 게 지난해 10월이었나? 지금이 5월이니까… 벌써 8개월이 지났구나. 대형 IPO는 다 참여했네. 계좌를 가족 명의로 개설해서 배정을 더 받으려고 집중한 모양이네. 증거금도 단기에 끌어모으기 힘들었을 텐데 잘했네."

"예금담보대출과 보험담보대출을 단기간 받았어요. 어르신 말씀처럼 3~4일 정도 대출받아 증거금 쓰고 바로 상환하니까 일할이자는 얼마 되지 않더라고요. 그렇게라도 증거금을 늘려 주식배정을 좀 더 받을 수 있었어요."

"잘했어. 처음에 용기가 많이 필요했을 텐데 두려움 없이 했구나. 팔기도 잘 팔았어."

"그럼요. 저는 상장일 오전에 다 정리했어요. 일상을 살아야 하는데 변동성 심한 공모주 주가를 계속 보고 있을 수 없어서요."

"시간에도 가치를 부여하는 그 자세 좋았어. 어디 보자… 배당주는 얼마나 모았나?"

"삼성전자와 삼성화재 위주로 매월 적립식으로 모았어요. 이들 주가도 등락이 있었지만, 저는 그냥 적금을 붓듯이 매달 개수를 정하고 사니까 신경을 별로 안 써서 좋더라고요. 4월에 배당금도 받았어요! 그리고 배당금만큼 다시 삼성전자와 삼성화재 주식을 추가 매수했답니다."

"그렇지. 매일 시세창을 본다고 주가가 오르는 것도 아니고, 정화수 떠다놓고 빈다고 오르는 것도 아니지. 이렇게 적립식으로 투자하면 속도는 좀 느릴지라도 치명적인 손실은 빙지할 수 있어. 남들 돈 벌 때 나만 못 벌었다는 소외감도 안 느껴서 좋고."

"네, 조급함이 사라지더라고요. 그래서 일과 생활에 더 충실할 수 있었어요."

"그렇지. 나의 큰 그림을 이제 이해할 수 있겠지? 재테크는 특별한 게 아니야. 일상 속에 스며들어 있어야 해. 그래야 일상도 투자도 잡을 수 있거든. 마지막으로 달러는 어땠어?"

"달러는 지난해 10월 1,400원대까지 치솟는 걸 보면서 시기를 찾고 있었어요. 그러다가 올해 2월까지 쭉 미끄러지길래 1,250원대일 때 목돈 깨서 들어갔어요."

"그렇게 판단했던 결정적인 이유는 뭐였지?"

"몇 가지 이유가 있었는데요, 우리나라 수출이 감소하면서 달러 벌이가 좋지 않다는 것과 한미 금리차가 벌어져서 외국 자본이 빠져나갈 수 있다는 기사도 봤어요. 아! 원화 가치가 떨어지겠구나 생각한 거죠. 그래서 2월과 3월에 걸쳐 달러를 매입했고 원달러 환율이 1,340원쯤 갔을 때 모두 정리했어요. 1,350원까지 기다려보려고 했는데, 아무래도 시간을 너무 많이 끌더라고요. 지난해처럼 가파르게 환율이 상승하지 못할 거라는 판단이 들어서 다 팔았어요. 생각보다 달러에 투자했던 기간이 짧았어요."

"백 점 만점에 백 점! 달러 투자도 정석대로 잘 따라 했네."

"그래도 달러가 제일 어려웠어요. 뭔가 통제할 수 없는 영역의 다양한 변수들을 예상한다는 게 어렵더라고요."

"지난해부터 달러 변동성이 높았어. 원래는 시간이 많이 걸리는 투자거든. 그래도 짧은 기간에 이렇게 투자를 잘하기도 쉽지 않아."

"그렇다면 저 저글링 투자 전부 패스인가요?"

"당연하지. 엑설런트로 패스!"

"와~ 신난다~ 저 사실 스몰 윈(Small win: 작은 성공)이 필요했어요. 부끄럽게도 지금까지 제 투자는 다 실패였잖아요. 그래서 저글링 공 세 개인 공모주, 배당주, 달러는 꼭 성공하고 싶었거든요. 남들처럼 거창하게 암호화폐나 부동산에서 대박은 못 했지만, 그래도 이번 스몰 윈 덕분에 나도 스스로 내 자산을 굴릴 수 있는 사람이라는 자부심을 가질 수 있었어요."

"그렇지. 스몰 윈이 축적되면 그 자신감을 동력 삼아 빅 윈(Big win)도 가능하지."

"저 지난 6개월간 저글링 투자를 하면서 좋았던 게 있어요."

"뭐였을까?"

"항상 제 소득은 상수였거든요. 그 안에서 아끼고 아껴서 돈을 모아야 한다는 생각이 강했어요. 하지만 이제는 소득이 늘어나고 있어요. 제가 가진 돈이 저만큼 일을 해서 수익을 벌어다주고 있으니까요. 공모주는 차익금이 들어오고, 배당주에서는 배당금이, 달러 환차익도 다 계좌로 들어왔잖아요. 제 소득이 늘어나고 있다는 생각에 심적으로 안정감이 오더라고요. 그래서 회사 일에도 더 충실할 수 있었고, 별이와도 더 많은 경험을 할 수 있었어요."

"진작 알려줬으면 좋았을 텐데. 육아휴직을 왜 이제 낸 거야?"

정여사는 애제자의 성장하는 모습에 한껏 들떴다. 오늘 같은 날은 축배를 들어야지라는 생각으로 냉장고로 가서 샴페인과 잔을 두 개 꺼내왔다.

"오늘은 차로 안 되겠어. 우리 한잔하자고."

"좋죠~"

"지윤씨의 스몰 윈이 빅 윈이 되는 그날을 위하여!"

크리스마스로 설렘 가득한 겨울이다. 올해는 화이트 크리스마스가 되려나. 저녁부터 눈이 내릴 거라는 예보에 지윤은 마음이 분주했다. 눈이 펑펑 오기라도 한다면 지윤 같은 초보 운전자에게 운전은 큰 고난이 될 게 뻔하니까. 퇴근 시간이 되자마자 노트북을 덮고 지윤은 종종걸음으로 회사 근처 월 주차장으로 갔다. 한 달에 20만 원. 역시 강남은 주차비도 비싸다. 그나마 아저씨를 살짝 구슬려 1만 원 깎은 게 어디냐는 생각에 감사할 따름.

카톡, 카톡!

누구지? 운전 중에 카톡을 보는 건 위험하다. 특히 올림픽대로처럼 멈춤 없이 달려야 하는 구간에서 전방 주시를 하지 않는다는 것은 목숨을 내건 행위나 마찬가지니까. 10분을 더 달려 잠실

대교 분기점에서 '잠실역' 방면으로 들어서니 이제부터 차가 밀리기 시작했다. 가다 서다를 반복하다가 신호대기. 이제야 어깨에 힘을 빼고 오른손으로 보조석에 내팽개쳐진 백을 열고 더듬더듬 폰을 찾았다. 비번을 쓱 긋고 곧장 카톡을 확인했다.

황금부동산 공사장이었다.

'별이 엄마, 괜찮은 집 나왔는데 별이네 전세 만기랑 얼추 맞을 것 같아 문자 남겨요. 시간 괜찮을 때 전화 주세요.'

여름에 부동산 사장님과 인사를 나눈 뒤, 한 번 더 들렀었다. 당시 전세 자금과 모은 돈을 말씀드리고 괜찮은 집 있으면 추천해달라고 부탁했는데, 그러고 1년이 훌쩍 흘렀다. 회사 복귀해서 정신없이 일하느라 바빠서 내집 마련은 뒤로 미루고 있었는데, 부동산 공사장 카톡을 보자 심장이 두근두근했다.

'지금 운전 중이에요. 집에 가는 중이니 20분 뒤 전화드릴게요.'

신호가 바뀌기 전에 재빠르게 카톡에 회신을 하고 다시 운전대를 잡았다.

사실 지윤은 아파트 당첨을 내심 기대했다. 점수는 턱없이 모자라지만 새 아파트에 살고 싶은 욕심이 남아 있었기 때문이다. 하지만 몇 번 떨어지고 나니까 '청약 당첨은 전생에 나라를 구한 사람만 되는 건가'라는 생각까지 들던 차였다.

'그나저나 공사장님은 무슨 말을 하시려는 걸까?'

집으로 돌아가는 그 짧은 순간에 지윤의 머릿속에 수백 가지 생각이 떠올랐다.

집으로 돌아온 지윤, 이모님을 배웅해드리고 바로 주방 테이블에 앉아 부동산에 전화를 걸었다.

"안녕하세요? 사장님, 카톡 받고 전화드렸어요."

지윤보다 다급했던 건 공사장이었나보다. 인사도 없이 바로 본론으로 들어가는 스피드.

"별이 엄마, 괜찮은 집이 나왔는데 별이네 전세 만기랑 딱 맞아떨어질 것 같아서 전화했어요. 와서 한번 볼래요?"

집집마다 빼곡이 전세 만기를 기록하고 관리하셨던 데이터가 이렇게 쓰이는구나, 감탄할 겨를도 없이 지윤은 말했다.

"네, 지금 바로 가면 될까요?"

"그래요. 공원 옆에 아람아파트 알죠? 30분 뒤 거기 102동 앞에서 봐요."

뭐가 이렇게 빠른가. 생각할 여지도 없이 지윤은 옷을 갈아입고 별이에게 겉옷을 입혔다.

"엄마, 우리 어디 가? 눈사람 만들러 가?"

"별아, 아직 눈 안 오는데. 오늘 저녁에 눈 올 거라는 거 어떻게 알았어?"

"선생님이 아까 낮에 얘기해줬어. 오늘 밤 일찍 잠자면 내일 아침에 창밖이 온통 하얀색일 거라고."

"우리 별이 태어나서 처음으로 화이트 크리스마스 보겠네."

"아이 좋아!"

또 강아지처럼 어깨춤을 추는 별이.

"별이야, 엄마랑 어디 잠깐 갈 데가 있어. 추우니까 옷 따뜻하게 입고 나가자."

별이는 발목까지 내려오는 패딩코트에 부츠를 신고 장갑도 꼈다. 모자와 귀마개까지 씌웠더니 시베리아 북풍이 불어와도 끄떡없을 것만 같다. 아장아장 걷는 별이 손을 잡고 아람아파트로 걸어가기 시작했다. 길은 이미 어둑어둑해 걷는 속도가 나지 않았다.

"별이 엄마, 여기!"

공사장은 역시 빨랐다. 등기부등본까지 떼어 와서 지윤을 기다리고 있었다.

"사장님, 안녕하세요? 오늘 크리스마스 이브인데도 일을 하시네요."

"아들이 맛있는 요리 해준다고 해서 막 일 정리하던 중이었는데, 여기 집주인이 급매로 집을 내놓겠다고 전화가 왔어요. 별이네가 딱일 거라는 생각이 들어 연락했어요."

"어머나. 감사해요. 어떤 집인데요?"

집을 보러 올라가기 전에 입구에서 공사장은 짧게 집에 대해

설명을 해줬다.

"지방에서 사업하시는 사장님이 아들 서울로 대학 가면 주려고 샀던 집인데, 아들이 지방대학으로 진학하게 됐나봐요. 그래서 전세 긴 채로 급히 내놓으셨네요. 매가는 5억이고 전세는 3억에 들어와 있어요. 여기가 두 동짜리 아파트라서 좀 저렴하기는 하지만, 그래도 시세가 5억 3천은 줘야 하거든요. 내가 집주인한테 말해서 1천만 원 정도 깎아달라고 해볼게. 그러면 별이네가 1억 9천만 준비하면 되죠. 전세는 내년 3월 만기니까 별이네 전세 만기랑 거의 맞아떨어지죠. 어때요? 일단 집을 먼저 보실까요?"

그때 멀리서 성철이 뛰어왔다. 퇴근 시간이 비슷해서 여기로 바로 오라고 지윤이 연락했던 모양이다.

"안녕하세요? 제가 좀 늦었어요."

"아니에요. 잘됐네요. 바깥양반이 같이 보면 더 좋죠. 올라갈까요?"

이렇게 별이네 가족과 부동산 공사장은 아람아파트 102동 304호로 올라갔다.

"엄마, 우리 여기로 이사 가?"

"아직은 아니야. 별이는 어때? 맘에 들어?"

"응! 여기 민준이도 살아. 놀이터도 우리 아파트보다 좋아."

일단 별이에게는 합격을 받았다. 집을 보고 내려와 다시 아파트 입구에서 성철과 지윤은 자금 계산을 해봤다.

"우리 1억 9천 준비할 수 있어?"

"… 지금 예금에 5천, 저글링 투자 계좌에 5천 있고, 우리가 직장인 신용대출을 9천 받으면 가능하지 않을까? 나중에 이사 들어갈 때 주담대를 받아서 신용대출을 갚으면 계산이 나오네."

"그때 주담대는 얼마나 받아야 하지?"

계산이 좀 빠른 지윤이 대답했다.

"우리집 전세금 2억 8천. 여기 전세금 3억이니까 2천 더 필요하고, 우리 신용대출 상환을 9천 해야 하니까 1억 1천만 원 주담대로 받아야겠네. 복비랑 취득세 등 부대비용 고려하면 좀 더 받아야 하고. 30년 만기 연 4% 이자로 계산하면, 원리금균등상환 시 월 52만 원이야. 이 정도면 괜찮지 않을까? 집도 시세보다 4천만 원이나 싸게 살 수 있는데."

"흠… 그래, 네 생각이 그렇다면 나도 찬성이야. 가보자."

공사장님이 저쪽에서 별이와 놀아주다가 이쪽으로 걸어왔다.

"두 분 상의하셨어요? 내가 웬만하면 말 안 하는데, 이 집은 괜찮아요. 청약 기다리는 것도 좋지만, 지금 이런 거 하나 잡아놓고 대출 갚으면서 살면 그게 돈 모으는 길이에요."

"네, 저희도 이 동네에서 별이 오래 키우고 싶어서 자주 돌아다니며 보던 아파트예요. 좋아요. 여기 저희가 살게요."

"잘 생각했어요. 처음에 큰돈 들어가는 거라 살짝 겁도 날 건데, 이 정도 금액도 다 지나고 보면 아무것도 아닐 거예요. 집주인 통화해서 네고하고 계좌 받을세요. 500만 원만 먼저 입금해줘요."

"수고 많으셨어요. 어서 들어가세요. 계좌 오면 저희한테 톡 주세요."

"그래요. 우리 아들 파스타 분다고 난리 났네요. 호호호. 별이네도 메리 크리스마스~"

"감사합니다. 사장님, 메리 크리스마스~"

별이네 가족도 집으로 가려로 발걸음을 돌렸다. 그새 공사장에게 카톡이 왔다.

'집주인이 4억 9천으로 하기로 합의했어요. 신한은행 110-XXX-XXXXXX 예금주: 김춘섭, 500만 원 입금해주세요.'

"집주인 맘 바뀌기 전에 입금하자."

"우리 맘 바뀌는 건 아니고?"

"아니지. 우리는 지금 인생 최대의 기회를 잡은 거야."

지윤은 잠깐 길에 서서 카카오뱅크 앱을 열어 가계약금을 쏘곤 아무렇지도 않은 듯 다시 걸었다. 아빠와 엄마 사이에서 손잡고 신나게 걸어가던 별이가 갑자기 멈춰 서더니 외쳤다.

"눈이다! 하늘에서 눈이 와. 와 신난다!"

별이가 신나서 깡충깡충 뛰었다. 정말 깜깜한 밤하늘에서 하얀 눈이 펑펑 내리기 시작했다. 지윤은 성철 손을 꼭 잡으며 말했다.

"인생은 정말 알 수 없고, 계획대로 되는 건 더더욱 아닌가봐."

"오늘 갑자기 집을 계약해서?"

"아냐. 그건 계획대로 됐어."

"무슨 소리야? 우리가 오늘 계약하는 게 계획에 있었다고?"

"기억 안 나? 작년 10월에 두물머리 느티나무 아래서 우리 다
짐했잖아. 1년 뒤에 내집 마련하겠다고."

"아차, 내가 그걸 잊고 있었구나. 정말 그건 계획대로 됐네. 그
럼 계획대로 안 된 건 뭐야?"

"사실 그날 약국에 들어갈 때 이상한 기운을 느꼈거든. 내 인
생에 큰 전환이 일어날 것만 같은 느낌. 부자 할머니를 처음 만난
날 말이야. 그때 약국 소파에서 잠깐 잠들었거든. 그 짧은 순간,
나 사실 꿈을 꿨어."

"아니, 어떤? 여태 그런 말 한 적 없었잖아."

"뭔가 소중한 기분이라서 말하면 날아갈까봐 기다렸지. 꿈에
서 큰 하마 한 마리가 나를 보더니 힘차게 달려와 내 품에 안기
더라. 나중에 찾아보니 그게 재물이 늘어날 꿈이라고 그랬어."

"넌 그 하마가 부자 할머니라는 말이지?"

"맞아. 부자 할머니가 내게 왔던 그 하마 같아. 할머니를 만난
이후로 나는 용기 있는 사람이 돼간다는 확신이 들었어. 재테크
실패로 소극적으로 변했던 내가 두려움을 극복했고, 부자 할머니
가 알려주신 투자법을 하나씩 실행하면서 수익도 냈잖아. 이건

내 계획에 없던 거야."

"네가 왜 이렇게 매사에 자신감이 생겼는지 알 것 같네. 참 고
마운 분이다."

"그렇지? 부자 할머니를 만난 건 내 인생의 큰 행운이었어. 여
전히 인생은 어렵고 고민의 연속이겠지만 부자 할머니 말씀 새
기면서 잘 살아보려고 해."

"그러자, 우리. 잘 늙어가자."

어느새 눈이 펑펑 내리기 시작했다. 앞서 걷던 별이가 뒤돌아
아빠를 불렀다.

"아빠, 나랑 눈사람 만들자."

"우리 별이만큼 큰 눈사람 만들어보자."

성철은 별이를 향해 뛰어갔고, 지윤은 그 모습을 바라보며 미
소를 지었다.

지윤의 일기

내 인생에 다시 없을 하루였다. 꿈에 그리던 내 집을 장만했으니! 인생이란 얼마나 신기한가! 2년 전 내 자존감은 바닥까지 떨어졌고, 방황하며 살아왔지만, 이제는 그 시련들을 극복하고 여기까지 올라왔다.

가장 큰 도움을 주신 분이 바로 부자 할머니였다. 그분을 만나면서 나는 생각도 행동도 참 많이 변했다.
어렴풋이 아는 것보다 구체적으로 아는 것이 낫고, 머뭇거리기보다는 행동하는 것이 낫다. 그리고 문제가 해결되기만 기다리는 것보다 직접 부딪치며 배우는 게 낫다는 것을 깨달았다. 하마터면 또 얼마나 해야 할 일을 미루고 그저 바쁘게 하루하루를 살아갔을까.

앞날은 알 수가 없다. 그렇다고 앞날에 대한 계획도 없이 사는 것은 어리석다. 먼 미래의 내가 원하는 모습을 그려보자. 그 모습을 향해 노력하는 과정에서 실패와 성공은 우리를 더 성장시킬 것이다. 그렇게 미래의 모습을 꿈꾸며 하루하루를 채워나가는 것이 중요하다.
나도 언젠가 부자 할머니가 되어, 여유 있고 평안한 삶을 살며, 또 다른 지윤을 도울 수 있는 날을 꿈꿔본다.

세상의 또 다른 지윤에게

이 이야기에 공감해준, 세상 어딘가에 있을 또 다른 지윤들. 같은 고민을 하며 동시대를 살아가는 당신에게 마지막으로 펜을 들어 글을 남겨봅니다. 이 책을 다 읽고 나서 '좋은 내용이네, 나도 이렇게 살아봐야지'라고 생각만 하고 책을 덮지 않았으면 좋겠어요. 그러기 위해서 아래 다섯 가지를 기억하고 망설이지 말고 바로 행동했으면 해요.

첫째, 체력 관리는 정말 중요해요. (4. 황금부동산)

회사 일과 가정 일, 그리고 육아까지 함께하는 것은 에너지가 많이 필요해요. 정신적으로 힘들고 스트레스가 크게 느껴진다면 그건 체력이 약해서일 수 있어요. 정신이 몸을 지배하는 것이 아니라 건강한 몸이 건강한 생각을 만드는 바탕이 되는 거예요. 체력을 위해서는 먹는 것과 운동하는 것이 매우 중요해요. 건강한 음식을 먹고 규칙적으로 운동을 하며 정신을 담는 그릇인 몸을 탄탄하게 만드는 노력을 해보세요. 일주일에 세 번 이상 하루에 30분이라도 의식적으로 느리게 뛰는 운동을 해보세요. 운동은 과정이 힘들어도 결과가 좋답니다.

둘째, 부자 친구들과 비교하지 말고 자극받으세요. (5. 나의 돈 많은 동창생들)

학교 다닐 때 고만고만하게 비슷했던 친구들도 시간이 지날수록 경제적 수준에서 차이가 생길 거예요. SNS를 통해 친구들의 멋진 사진을 보며 부러워하고 또 자신을 돌아보며 속상해할 수도 있겠죠. 하지만 자신의 강점을 믿으세요. 그리고 성공한 친구들의 긍정적인 마인드나 성공 스토리를 듣고 배우는 게 좋아요. 질투는 스트레스지만 자극은 에너지가 된답니다.

셋째, 가족과 상의하세요. (6. 저글링 투자법, 투자를 시작하다)

가족은 가장 소중한 공동체예요. 사랑과 믿음으로 결혼해서 그 결실로 소중한 자녀를 얻었으니까요. 중요한 것은 가족과 함께 상의하세요. 앞으로 20년 후에 원하는 가족의 모습을 그려보고 그것을 이루기 위해 할 일들을 한번 얘기해보세요. 가족 모두가 현재에 감사하고 미래를 위해 노력하는 마인드를 자연스럽게 갖게 될 거예요. 문제가 있다면 마음을 터놓고 대화를 하며 함께 해결책을 찾아보세요. 편하게 소통하기 위해서 집이 아닌 다른 곳도 좋아요. 장소가 바뀌면 생각도 바뀝니다. 중요한 것은 가족은 경제 공동체이며 어떤 결정을 내릴 때는 함께 상의해야 한다는 점이에요. 그래야만 사랑과 신뢰가 유지됩니다.

넷째, 나만의 공간을 찾아보세요. (7. 여자의 서재)

반복되는 세상살이에 방전되는 날도 있을 거예요. 그럴 때 나만의 공간이 있으면 충전이 빠르게 됩니다. 그 안에서 마음의 위안과 다시 일어날 힘을 얻을 수 있을 거예요. 그리고 혼자만의 시간을 가지면서 새로운 도전을 준비해볼 수도 있답니다. 비록 좁은 집, 좁은 공간이라도 자신만의 취향을 담을 수 있는 독립된 공간을 마련해보면 좋겠습니다.

다섯째, 스몰 윈(Small win)을 쌓아가세요. (& 화이트 크리스마스)

처음부터 큰 성공을 이루는 건 쉽지 않아요. 재테크에서 작은 성공의 경험들이 쌓이면 투자 그릇이 넓어져요. 처음부터 홈런 같은 수익률을 노리며 위험한 상품에 투자하지 마시고, 수익률은 낮지만 안전한 투자를 통해 작은 성공을 하나둘 모아보세요. 본문에서 소개드린 '저글링 투자법'도 스몰 윈을 쌓을 수 있는 투자랍니다. 이런 작은 성공이 쌓여서 결국 큰 행복으로 이어질 거예요.

지금 당신의 모습은 과거의 생각과 행동이 쌓여서 만들어진 결과입니다. 열심히 공부했고 성실하게 일했기 때문에 지금의 자리에 있는 것이죠. 또한 꾸준히 운동하며 관리했기 때문에 지금의 건강을 유지할 수 있는 것입니다.

같은 맥락으로 미래를 보겠습니다. 당신의 미래는 어떤 모습인가요? 그때의 당신은 지금 당신에게 어떤 말을 해주고 싶을까요? 지금 당신은 어떤 하루를 살아야 할까요? 지금이 쌓여 미래의 당신을 만들 테니까요.

저의 꿈은 '부자 할머니'랍니다. 훗날 그 모습이 되기 위해 저는 오늘 하루를 느슨하게 보낼 수 없었어요. 해야 할 일이 많았거든요. 경제 공부도 해야 하고, 저글링 투자도 돌려야 했으니까요. 이처럼 하루 1시간 이상 부자 할머니가 되기 위한 행동을 하고 있답니다.

당신이 만약 20년 후 어떤 모습일지 상상해본 적이 없다면, 바로
지금 종이와 연필을 준비하고 그때의 모습을 적어보세요.

'나는 어떤 모습으로 거기 서 있는가?

그리고 나는 지금 무엇을 해야 하는가?'

깊은 감사를 담아,

지윤 드림

부록

———

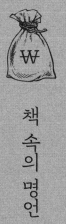

책 속의 명언

1. 돈 관리를 잘 한다는 건 아껴 쓴다는 것만 말하는 건 아니야. 돈을 잘 쓸 줄도 안다는 말이야. p.56

2. 감동이 소비 결정의 기준이어야 해. 물건을 건넸을 때 누군가가 감동을 받거나 내가 감동을 받을 수 있겠다 싶으면 그냥 사. 가격에 너무 연연해하지 말아. pp.57-58

3. 아껴 쓰는 건 물론 중요해. 하지만 잘 벌고, 잘 불리는 것도 함께 생각해 봐. 사람들은 아끼기만 하면 다 부자가 되는 줄 알거든. 그래서 가계부 칸 채우는 데 급급하지. 매달 들어오는 소득이 적다면 아끼기만 했을 때는 한계가 있어. 소득 이상으로 아낄 수는 없잖아. 하지만 벌고 불리는데는 한계가 없어. 돈을 더 버는 데 에너지를 쓰고, 불리기 위해 계속 공부하고 투자를 해봐. 자산이 훨씬 더 늘어날 수 있을 거야. p.58

4. 살아가면서 한두 번의 실수는 하기 마련이야. 중요한 건 그걸 얼마나 빨리 털고 일어나느냐지. 시간을 허투루 쓰지 마. 지나간 일을 자책하고 곱씹는 시간에 앞으로 돈을 얼마나 잘 벌고 불릴까를 고민하는 게 좋아. p.63

5. 인생에서 돈이 벌릴 기회가 몇 차례 있어. 그때를 위해 아껴 쓰고 모으는 거잖아. 그렇게 잘 모았어. 그다음엔 여기저기 물으러 다니더라. 뭐 사야 하냐고. 그런데 말이야, 이때가 사기꾼한테 먹잇감이 되기 딱 좋을 때지. 수중에 돈을 갖고 있으면 더 조신해야 하는데 그걸 몰라. 이렇게 두어 번 사기를 당하면 다시 일어서기 정말 힘들어. 다시 종잣돈을 모으는 것도 힘들지만 세상에 대한 불신과 자괴감에 무너지는 사람들 몇몇 봤어. 차라리 손해 본 돈은 빨리 잊어버려야 하는데 그놈의 미련이 뭔지... pp.64-65

6. 핵심은 하나야. 내돈내투, 내 돈으로 내가 판단해서 투자해야 한다는 말이지. 다른 사람 얘기를 참고는 해도 돼. 하지만 최종 판단 주체는 나여야 하고, 그러기 위해서는 자기 안의 철학을 다지는 게 중요해. 이렇게 얘기하면 다시, 공부하라는 말로 귀결되는구나. 젊어서 공부 많이 해. 시끄러운 데 끌려 다니지 말고. p.68

7. 투자란, 시간이 흘러도 가치가 오를 것을 사는 게 투자야. 공부하지 않고 투자하는 게 위험한 거지, 투자 자체는 위험한 게 아니란다. p.68

8. 앞을 보고 걸어야 돈 벌 기회도 찾을 수 있고, 시원한 사람도 맞을 수 있단 말이야. 아무것도 하지 않는 '0'의 상태에서 '1'까지만 발을 디뎌도 '100'까지 갈 수가 있어. 그 '1'이라는 문턱을 넘는 건 무척 힘든 일이지. 손실이 두려워 항상 출발선 안에서 머물렀다면 바닥을 딛고 나서야 해. 일단 치고 나간 뒤 그다음은 수정하면서 내가 원하는 목표지점으로 가면 돼. p.87

9. 너무 빨리 부자가 되려고 하지 마. 아마 향후 20년간 부동산 하락을 두세 번은 만날 거야. 그때 잘 잡으면 부자 될 수 있어. 조급한 마음가짐으로 남들보다 빨리 가려고 무리하면 꼭 탈이 나. p.103

10. 건강이 제일 중요하다. 아무리 돈을 많이 벌고, 명예와 지위를 얻는다고 해도 건강이 없으면 다 소용없어. 건강한 몸에서 건강한 생각이 나오는 거 몰라? 생각이 건강해야 자신이 세상에서 하나뿐인 소중한 존재임을 알고 더 귀하게 여길 수 있어. p.120

11. 우리는 다 살아봐서 별 거 아니라 생각하는 일이야. 그치만 우리도 그 나이 땐 하나하나가 너무 큰일이었고, 힘들어했던 것 같아. 나이가 든다는 건 어려운 일도 대수롭지 않게 여길 수 있는 여유가 생긴다는 점에서는 좋아. p.155

12. 투자에 성공하려면 엄청나게 많은 지식이 필요하다거나, 남들보다 비범한 통찰력을 가지고 있어야 한다고 생각해. 또는 회사 내부 정보나 정부 정책 등을 미리 받을 수 있는 지위에 있어야 돈을 불릴 수 있다고 생각하지. 그건 다 착각이야. p.157

13. 남에게 돈을 맡기면 다 털릴 수 있다는 거 말이야. 그러니 이제 스스로 공부해서 굴려야지, 남한테 맡기는 순간 그건 내 돈이 아닌 거야. 힘들어도 주말이나 새벽 시간에 경제 공부를 지속한다고 약속해. 그래야 내가 지금부터 말해주는 투자법이 효과를 볼 수 있어. p.158

14. 미래를 예측하긴 어려워. 그래서 나는 예측에 많은 시간을 들이지 않아. 투자한 시간 대비 효율이 떨어지는 편이니까. 그냥 흐름을 봐. 금리와 환율이 움직이는 걸 보면 대강 경제가 흘러가는 방향이 보여. 그리고 그걸 좇고 있는 사람들의 움직임도 관찰할 수 있어. p.159

15. 비장하게 재테크 공부를 하겠단 생각 말고 쉬운 것부터 하나씩 하면 좋겠어. 그렇게 자신만의 스타일을 찾아 꾸준히 하는 것을 추천하고 싶네. p.160

16. 가격의 등락이 적다는 것, 내 노력이 크게 들어가지 않는다는 것, 다음

에 받아줄 수요가 분명하다는 거야. 크게 집중하지 않고 꾸준히 돌아가기만 하게 만들면 되는 거라서 쉬워. 시간 대비 효율도 있으면서 변동성에 따른 스트레스를 받지 않아도 되니까 꾸준히 지속할 수 있지. p.161

17. 어른이라면 결정하기까지 고민을 많이 해야 하고, 결정이 끝났으면 후회하지 않고 자신의 결정이 맞았다는 걸 증명해 내면 돼. 그렇게 사는 게 인생이지. 난 그렇게 생각해. p.169

18. 그러면 다 죽어~ 나 돈 벌자고 나라 경제가 망가지길 바라면 안 되지. 고운 마음을 가져야 돈도 따르는 법이야. 남을 이용하거나 해를 가해서 버는 돈은 끝이 안 좋아. 성장하는 시장에 투자한다거나, 거시 경제를 읽거나, 희소성의 원리를 활용해 투자하는 게 가장 좋아. p.171

19. 겁이 나서 멈췄을 때 그게 가장 나빴던 거야. 그때 멈추지 말고 어떻게든 더 공부를 하고 더 회복했으면 지금 내공이 더 쌓였겠지. 투자는 평생 공부해야 해. p.173

20. 시간은 흐르는 게 아니라 쌓이는 거야. p.173

21. 부자는 남의 시간을 살 수 있지만 보통 사람들은 그러기 힘들지. 그러니 자기가 시간을 압축적으로 관리해서 효율을 내야 하는 거야. 매일 정신 없이 일하면서도 시간 기근에 시달리는 사람이 얼마나 많은데. 그래도 여유를 좀 가지면서 살아. p.183

22. 집중해서 일하고 내 시간을 확보해. 노는 것도 중요하다. 잘 놀아야 삶

에 불만이 없거든. 충실한 하루를 보내야 하는 게 아니라 충만한 하루를 보내야 해. 내가 만족하는 하루! p.183

23. 울고 싶을 땐 울어야지. 열심히 살았고, 열심히 일하고 싶었고, 얼마나 인정받고 싶었겠어. 하지만 모두에게 맞춰주는 완벽한 사람이 되려는 생각은 내려놓아. 그런 사람이 되기 위해 스스로 스트레스를 삼키기만 한다면 병 들어. p.185

24. 별이를 생각해봐. 지윤씨같이 아이 낳고도 열심히 사회생활 하는 여자들이 있어서 직장 내에서 여성들 목소리가 커지는 거야. 별이가 어른이 되면 더 나은 세상이 돼 있지 않을까. p.186

25. 진로에 대해서도 좀 더 넓게 생각해봐. 시간을 팔아 돈을 버는 사람이 될 것이냐, 재능을 팔아 돈을 버는 사람이 될 것이냐, 자산으로부터 돈을 버는 사람이 될 것이냐. 집안일이라는 노동에 따른 소득만 준다면 돈 버는 사고를 확장하기 힘들어. 돈을 규모감 있게 받아보고 요령껏 나눠 쓰고 저축해보는 것도 좋은 경험이야. p.190

26. 난 늘 꿈이 있어. 그래서 나이 들어서도 세상은 여전히 궁금해. 꾸준히 배우고 싶고 꾸준히 투자하고 싶어. 그러려면 책 읽고, 공부하고 생각할 수 있는 자신만의 공간이 있어야 해. pp.194-195

27. 투자 시장은 체급별로 나눠 싸우는 올림픽 경기가 아니지. 금융 감독기관이 있지만 정작 투자 시장은 매뉴얼도 없고 심판도 딱히 없어. 게다가 정보력이 센 외국인과 기관들이 함께 붙는 격투기장이지. pp.195-196

28. 책을 처음 볼 때 처음에는 목차랑 소제목만 크게 훑어봐. 보다가 마음에 드는 게 있으면 거기 먼저 봐도 좋지. 굳이 처음부터 순서대로 할 필요는 없어. 다음 차례는 정독이야. 나는 연필이나 볼펜, 형광펜 같은 걸로 밑줄 치고 마음에 드는 구절은 따로 수첩에도 적어둬. 이제 끝났어. 언제든지 다시 펼쳐서 내가 밑줄 그어둔 부분만 읽어. 이건 마치 시장에서 조기를 한 두름 사서 다듬은 다음 냉동실에 넣어뒀다가 하나씩 꺼내 먹는 것처럼 쉽지. 공부는 반복이고, 반복을 쉽게 하려면 처음 읽을 때 밑줄을 잘 그어둬야 해. p.197

29. 경제 공부하는 게 어렵고 지루하지? 그렇다고 현실이 공부한 그대로 돌아가기만 하는 것도 아니고 말이야. 이걸 왜 공부하나 싶기도 할 거야. 하지만 모든 결정이 그렇듯 최종 의사 결정은 스스로 하는 거잖아. 그러려면 내가 잘 알고 제대로 판단할 수 있어야 하지. 지리멸렬한 숙련의 과정을 거치면 통찰의 순간을 만날 수 있어. 그날이 올 때까지 꾸준히 공부해야 한단다. p.214

30. 재테크는 특별한 게 아니야. 일상 속에 스며들어 있어야 해. 그래야 일상도 투자도 잡을 수 있거든. p.216

스타벅스 건물주가 된 사람들의 성공 비결

나의 꿈 스타벅스 건물주
전재욱·김무연 지음 | 값 16,800원

이 책은 미지의 영역에 머물던 스타벅스 건물들의 비밀을 국내 최초로 파헤친다. 저자가 기자 특유의 취재역량을 발휘해 직접 발로 뛰어 수집한 전국 매장 1,653개의 등기부등본 2,454장을 꼼꼼히 분석한 결과다. 스타벅스가 선호하는 매장의 특징과 실제 임대료, 임대 과정 등 '스타벅스 입점 성공'의 공식을 다루는 저자의 통찰에 진지하게 접근한다면 나의 꿈 스타벅스 건물주가 아닌, 나의 '현실' 스타벅스 건물주가 될 수 있을 것이다.

나는 한 달에 1천만 원 월세로 경제적 자유를 누린다

나의 꿈 월천족
정일교 지음 | 값 17,000원

이 책은 저자가 다가구주택 신축으로 어떻게 경제적 자유를 이루었는지를 보여주는 실천서다. 저자는 최소한의 종잣돈으로 월 1천만 원의 현금흐름을 만드는 비법을 가감 없이 공개한다. 잠자는 동안에도 현금이 들어오는 파이프라인을 구축하는 방법이 궁금한가? 저자가 친절하고 상세하게 공개한 수익형 자산투자와 현금흐름 창출을 위한 비법을 통해 돈과 시간으로부터 자유로워지는 법을 배우고 실천할 수 있을 것이다.

부동산은 심리전이다

박원갑 박사의 부동산 심리 수업
박원갑 지음 | 값 19,800원

부동산 대표 전문가인 박원갑 박사가 부동산과 심리를 쉽고 재미있게 엮은 책을 냈다. 부동산시장의 변동성은 시장 참여자들의 불안 심리에 비례한다. 이에 저자는 부동산시장을 움직이는 사람들의 내면 작용을 다각도로 분석했다. 부동산시장은 공급과 정책 외에도 인간 심리를 함께 읽어야 제대로 보인다. 저자가 제안하는 편향에 빠지지 않는 올바른 부동산 생각법을 체화한다면 어떤 상황에서도 합리적인 선택을 할 수 있을 것이다.

재물운이 따르는 사람들의 생활습관

돈이 모이는 재물운의 비밀
천동희(머찌동) 지음 | 값 19,000원

이 책은 구독자 11만의 풍수 전문 유튜브 채널 '머찌동의 머찐공간' 운영자이자 국내 최대 규모 부동산풍수컨설팅 회사인 '(주)머찌동컴퍼니'의 대표인 저자가 3천여 명의 다양한 계층의 고객과 내담자들을 컨설팅하면서 깨달은 재물이 따르는 사람들의 공통적인 운의 원리를 담고 있다. 이 책에서 말하는 운이 자연스레 나를 좋아하게 만드는 비법들을 실천하면 어떤 상황에서든 재물운이 넘치는 행복한 사람이 될 수 있을 것이다.

주변에 사람이 모여드는 관계 맺기 습관

이쁘게 관계 맺는 당신이 좋다

임영주 지음 | 값 16,500원

이 책은 '모든 것이 관계'이고, 기본에 충실한 사람이 좋은 인간관계를 맺는다는 생각을 바탕으로, 기본과 인간관계를 강조한다. 저자는 관계 맺기의 시작부터 잘 끝맺는 방법에 이르기까지 '이쁜 관계 맺기'를 위해 배워야 할 기술들을 실제 사례를 통해 알려준다. 관계심리 전문가인 저자의 노하우를 따라 이쁘게 관계 맺기 연습을 한다면 타인에게 쉽게 상처받지 않고 자존감을 유지하는 등 실전에서 행복한 관계를 이어갈 수 있을 것이다.

다가올 현실, 대비해야 할 미래

지옥 같은 경제위기에서 살아남기

김화백·캔들피그 지음 | 값 19,800원

이 책은 다가올 현실에 대비해 격변기를 버텨낼 채비를 해야 된다고 말하며 우리에게 불편한 진실을 알려준다. 22만 명의 탄탄한 구독자를 보유한 경제 전문 유튜브 '캔들스토리TV'가 우리 모두에게 필요한 진짜 경제 이야기를 전한다. 지금 우리는 경제위기를 맞닥뜨려 지켜야 할 것을 정하고 포기해야 할 것을 구분해서 피해를 최소화해야 될 때다. 이 책은 현재 직면한 위기를 바라보는 기준점이자 미래를 대비하기 위한 하나의 발판이 되어줄 것이다.

박병률 기자의 OTT 경제학

OTT로 쉽게 배우는 경제 수업

박병률 지음 | 값 19,800원

국내 최고 경제 교양서 저자인 박병률 기자가 흥미진진한 OTT 콘텐츠들을 통해 어려운 경제개념을 친절하게 해설한다. OTT 콘텐츠 속 인물과 장면을 통해 경제 이야기를 쉽고 재미있게 술술 풀어내며, 우리가 사는 세상을 경제적 관점에서 바라보고 이해하게끔 도와준다. 경제에 대한 배경지식이 전혀 없는 이른바 '경알못'들도 우리에게 매우 익숙한 OTT 콘텐츠를 통해 경제의 핵심 개념들을 하나둘 알아가게 되고, 더 나아가 경제에 대해 더욱 지적 호기심을 지피게 될 것이다.

돈 버는 독서, 몸값 올리는 독서법

저는 이 독서법으로 연봉 3억이 되었습니다

내성적인 건물주 지음 | 값 16,500원

22만 구독자를 보유한 유튜버 '내성적인 건물주'가 책을 냈다. 이 책에는 '서른 살 흙수저를 연봉 3억으로 만들어준 독서법'이 담겨 있다. 어떻게 책을 통해 일상에서 생각을 바꾸고, 바뀐 생각을 행동으로 옮김으로써 자기 몸값을 올리며 성공할 수 있는지에 대한 비법을 아낌없이 공개한다. 정말 책 읽기로 부를 일굴 수 있는지 궁금하다면, 저자가 실행한 대로 일주일만 따라해보자. 어제의 나가 아닌 새로운 나로 거듭날 수 있을 것이다.

돈의 흐름을 아는 사람이 승자다
다가올 미래, 부의 흐름
곽수종 지음 | 값 18,000원

국가, 기업, 개인은 늘 불확실성의 문제에 직면한다. 지금 우리가 직면한 코로나19 팬데믹과 러시아-우크라이나 전쟁 등은 분명한 '변화'의 방향을 보여주고 있다. 국제경제에 저명한 곽수종 박사는 이 책에서 현재 경제 상황을 날카롭게 진단한다. 이 책에서는 인플레이션 압력과 경기침체 사이의 끝을 가늠하기 어려운 경제 위기 상황 속에서 이번 위기를 넘길 수 있는 현실적인 방안을 모색한다.

나를 좋아하게 만드는 힘
라이커빌리티
김현정 지음 | 값 17,000원

매력적인 사람은 곁에 있는 사람들로부터 도움을 받아 위기에서 쉽게 벗어나는 것은 물론이고 주변에서 사람들이 모여들어 성공에 한층 나아갈 수 있는 힘을 얻게 된다. 이 책은 수많은 현상에서 볼 수 있는 사람의 마음 작용을 정리하고, 이를 바탕으로 사람들이 '나'를 좋아하게 할 수 있는 사회적 기술을 알려준다. 사회적 기술을 익히고 마음의 작용을 이해하면 라이커빌리티가 높아진다. 라이커빌리티는 노력하면 누구나 가질 수 있다. 매력적인 사람이 될 수 있는 열쇠는 라이커빌리티에 있다.

쉽게 읽히는 내 생애 첫 경제교과서
경제지식이 돈이다
토리텔러 지음 | 값 18,500원

경제지식이 곧 돈인 시대, 투자로 돈을 벌려면 경제공부는 필수인 시대가 됐다. 저자인 토리텔러는 초보 투자자들을 포함한 경제 초보자들이 평소 가장 궁금해할 만한 경제 개념과 용어를 그들의 눈높이에 맞춰 쉽게 설명한다. 주식투자, 부동산, 세금, 미래를 이끌어갈 기술과 산업, 다양한 투자상품과 재테크를 위한 기초 테크닉 등 경제상식의 A부터 Z까지를 알차게 담았다. 알짜배기만을 담은 이 책 한 권이면 경제 문외한이라도 경제 흐름을 파악하고, 투자를 통한 달콤한 수익도 맛볼 수 있을 것이다.

마흔이 되기 전에 꼭 버려야 할 것들
마흔 이후 멋지게 나이 들고 싶습니다
조은강 지음 | 값 15,000원

마흔은 '불혹'의 나이라지만 아직은 성숙한 어른이라고 당당하게 말하기엔 어딘가 부족한 느낌이다. 세상을 다 알 수 있는 나이가 아님에도 사회적 시선과 기대감도 20, 30대 때와는 다르다. 이 책은 마흔이라는 나이를 기점으로 만족과 자유를 얻을 수 있는 삶을 위해 멈춰야 할 것 마흔네 가지를 이야기하고 있다. 이 책을 통해 마흔 이후 멋지게 나이 들 수 있는 방법에서 더 나아가, 삶의 목표까지 발견할 수 있을 것이다.

나를 행복하게 하는 균형의 힘
나는 균형 있게 살기로 결심했다
이현주 지음 | 값 15,000원

이 책은 저자가 20년간 만나온 수많은 내담자들의 사례를 바탕으로, 삶에서 균형의 재조정이 필요한 시점에 대해 다룬 책이다. 번아웃이 찾아온 직장인, 인간관계에서 어려움을 겪고 있는 사람, 마음이 심란하고 '과연 나는 제대로 살고 있는 걸까' 의문이 드는 이라면 이 책을 통해 지금 내 마음의 균형은 잘 잡혀 있는지 확인해보자. 균형을 찾아가는 과정 속에서 우리의 내면은 좀 더 확장되고 성장할 수 있을 것이다.

주린이를 위한 경제기사 독해법
경제기사를 읽으면 주식투자가 쉬워집니다
박지수 지음 | 값 16,000원

주식투자가 거의 모든 세대에 걸쳐 필수가 된 시대가 되었다. 저자는 경제의 흐름을 읽어내는 수단으로 가장 안전하고 정확한 것이 바로 경제기사라고 말한다. 이 책은 특히 주식투자를 위한 경제기사 읽기 법을 다루고 있으며, 경제기사에서 자주 나오는 용어 설명과 같은 기초지식은 물론 공모주, 해외주식 투자, ETF 등과 같은 다양한 주식투자방법도 담고 있다. 성공을 위한 경제기사 읽기를 이 책과 함께 시작해보자.

세상에서 가장 쉬운 경제기사 독법
어려웠던 경제기사가 술술 읽힙니다
박지수 지음 | 값 17,000원

이 책은 쉽고 재미있게, 하지만 큰 맥락을 짚어가며 경제기사를 읽는 '경제기사 독해법'을 알려준다. 재테크가 목적인 이들에게는 당연히 필독서이고, 재테크가 목적이 아닌 학생이나 취업준비생 혹은 경제의 기본을 다지고자 하는 이들에게도 큰 도움이 될 것이다. 이 책 한 권만 잘 독파하면 그간 어렵게 느껴졌던 경제가 어느 순간 친근하게 다가오고, 왠지 어렵게 느껴지던 경제기사와도 좋은 친구가 될 수 있을 것이다.

우리 가족의 안정된 삶을 위한 진짜 공부
엄마를 위한 심플한 경제 공부, 돈 공부
박지수 지음 | 값 15,000원

반복되는 금융 위기와 저성장 속에서 살아남으려면 가계의 중심이 되는 엄마가 최소한의 경제와 돈은 알아야 한다. 이 책은 '몰라서, 바빠서' 등의 이유로 돈에 대한 스위치가 꺼져 있는 엄마들을 위해 심플하게 본질과 핵심만 소개한다. 이 책을 통해 경제를 읽고 내 재무제표에 따라 자산 계획을 실천해가며 기초 체력을 키우다 보면 엄마로서 주체적으로 가정경제의 꽃을 활짝 피울 수 있을 것이다.

■ 독자 여러분의 소중한 원고를 기다립니다 ─────────────────

메이트북스는 독자 여러분의 소중한 원고를 기다리고 있습니다. 집필을 끝냈거나 집필중인 원고가 있으신 분은 khg0109@hanmail.net으로 원고의 간단한 기획의도와 개요, 연락처 등과 함께 보내주시면 최대한 빨리 검토한 후에 연락드리겠습니다. 머뭇거리지 마시고 언제라도 메이트북스의 문을 두드리시면 반갑게 맞이하겠습니다.

■ 메이트북스 SNS는 보물창고입니다 ─────────────────

메이트북스 홈페이지 www.matebooks.co.kr

책에 대한 칼럼 및 신간정보, 베스트셀러 및 스테디셀러 정보뿐만 아니라 저자의 인터뷰 및 책 소개 동영상을 보실 수 있습니다.

메이트북스 유튜브 bit.ly/2qXrcUb

활발하게 업로드되는 저자의 인터뷰, 책 소개 동영상을 통해 책에서는 접할 수 없었던 입체적인 정보들을 경험하실 수 있습니다.

메이트북스 블로그 blog.naver.com/1n1media

1분 전문가 칼럼, 화제의 책, 화제의 동영상 등 독자 여러분을 위해 다양한 콘텐츠를 매일 올리고 있습니다.

메이트북스 네이버 포스트 post.naver.com/1n1media

도서 내용을 재구성해 만든 블로그형, 카드뉴스형 포스트를 통해 유익하고 통찰력 있는 정보들을 경험하실 수 있습니다.

STEP 1. 네이버 검색창 옆의 카메라 모양 아이콘을 누르세요. STEP 2. 스마트렌즈를 통해 각 QR코드를 스캔하시면 됩니다.
STEP 3. 팝업창을 누르시면 메이트북스의 SNS가 나옵니다.